一胜九败

优衣库全球热卖的秘密

[日]柳井正 著
徐静波 译

中信出版集团 · 北京

图书在版编目（CIP）数据

一胜九败：优衣库全球热卖的秘密 /（日）柳井正著；徐静波译. -- 2 版. -- 北京：中信出版社，2018.6（2025.6 重印）

ISBN 978-7-5086-6213-8

Ⅰ. ①一… Ⅱ. ①柳… ②徐… Ⅲ. ①服装—零售商店—销售管理—经验—日本 Ⅳ. ① F717.5

中国版本图书馆 CIP 数据核字（2016）第 103354 号

一胜九败：优衣库全球热卖的秘密

著　　者：［日］柳井正
译　　者：徐静波
出版发行：中信出版集团股份有限公司
　　　　　（北京市朝阳区东三环北路 27 号嘉铭中心　邮编　100020）
承 印 者：北京通州皇家印刷厂

开　　本：880mm×1230mm　1/32　　印　　张：8　　字　　数：150 千字
版　　次：2018 年 6 月第 2 版　　印　　次：2025 年 6 月第 14 次印刷
京权图字：01–2010–5963
书　　号：ISBN 978–7–5086–6213–8
定　　价：55.00 元

UNIQLO

目　录

前 言

1984年6月2日，星期六，早上6点。

在广岛市中区袋町，一个名叫“UNICLO CLOTHING WAREHOUSE”的休闲服零售店开张了。这是个梅雨连绵的季节，但是这一天，太阳一大早竟露出了笑脸。

“让顾客就像逛书摊买杂志一样，轻松方便地购买价廉物美的休闲服”，是这家店的经营理念。而“服装、服饰、自由”，则是这家店的广告语。

也许是开店前在电视、电台做的广告深入人心，还有我们在商业街、学校附近发放的宣传单起了作用，一大早，店门口就排起了长队。随着时间的推移，到店的顾客越来越多，多得甚至让人产生了一种恐惧感。为了防止店内出现混乱，我们不得不好几次限制入店人数，但是这种近乎疯狂的状态一直延续到第二天。迄今为止，我还从未想到过客人会对一家新开的店表现出如此高的热忱。开店之前我还在担心："万一一位客人都不来怎么办？"但是，这种担忧很快就被蜂拥而来的顾客消除了，取而代之的却是另一种不安。当地的电台报道了开店第一天的拥挤状况。也许是过于紧张，我在接受采访时，对着话筒竟说出了这样一句话："真对不起，现在排队的客人都有可能进不了店，请大家千万别再赶过来了。"我想我的这个回答，应该是前所未闻的。

这就是现在的优衣库事业的起点。

那年，我 35 岁，在父亲经营的小郡商事株式会社（现为株式会社迅销公司）任专务董事。大学毕业后，我曾经在一家超市工作了 10 个月。辞职后，我过了一段放浪散漫的生活，然后继承了父亲经营的男士西服店。优衣库一号店开张的时候，刚好是我进公司的第 12 个年头。虽然当时我还分不清"经营"与"做生意"的区别，但是，我已经开始感悟到做生意的乐趣和恐惧了。

在之后的岁月里，我以服装销售为核心，挑战了各种各样的市场，经历过多次的失败，也结交了一些生意上的朋友。最终，我建立了“株式会社迅销公司”。目前，公司不仅在日本各地开展了优衣库的零售业务，还把优衣库专卖店开到了英国、中国等一些国家和地区。在此期间，我们从顾客身上和我们的合作伙伴那里学到了许多宝贵的东西。让我感到骄傲的是，公司还拥有一大批努力工作的优秀员工。借此机会，我要衷心感谢公司的董事和员工们这么多年来对我这个不怎么优秀的人给予的莫大支持和鼓励。

我今年 54 岁[①]。迄今为止，我读过无数本有关企业经营或企业成功的书。而我自己呢，总想等到从经营的第一线退下来之后，到了可以对自己的人生做一个总结的年龄时再动笔写作。因为工作实在太忙，平时属于自己的闲暇时间很少。演讲活动也是一样，经常有人来邀请，但我总是很难抽出时间。

但是，我觉得现在应该是一个写作的好时机。因为无论是公司还是我本人，都处在一个重要的转型期，我必须以某种恰当的形式把这些激荡的岁月记录下来。于是，我决定回过头去，看一看自己这些年来摸着石头走过来的坎坷之路。

我没有悠闲地撰写一本回忆录的想法，因为市场每时每刻

① 本书完稿时间为 2003 年。——编者注

都在发生变化，我脑子里整天想的都是自己必须做和想去做的事，因此没有多余的时间静静地回忆过去。但是，什么是企业经营？在企业工作到底为了什么？对于这些最基本的概念，我想进行一次确认和总结，并与一起奋斗过来的且将继续一起奋斗下去的董事们和员工们共勉。这是我写作这本书的动机和理由。

企业经营一定会经历一连串的失败，会有许多惊险的故事。可以说，失败是生意的伴侣，两者形影相随。你挑战 10 次新事物，必定会有 9 次失败。有些成功的企业家甚至说："100 次尝试中有一次成功，那已算不错。"现实就是这般严峻。经营环境在飞速地变化，常常令人晕眩。要跟上这个变化，让经营持续下去，让企业生存发展，我们就必须经常对企业进行自我革新，并不断地追求发展。我想，企业发展一旦停滞，它就失去了存在的意义。

我把自己对企业经营的思考、遭遇失败的故事，特别是通过无数次失败后学到的经验教训披露出来，希望能给正在为前途而烦恼的读者朋友们提供一个打破困境的启迪。如果本书让企业员工、经营者、学生，或者那些正准备创业的人有所感悟的话，我将感到万分高兴。

第一章

脱胎换骨

• 在葬礼上，我对亲戚朋友们说："父亲是我一生最大的竞争对手。"那是我第一次在众人面前号啕大哭。

• 即便是像店长这样的老员工提交辞呈的时候，父亲都没有说过一句责怪我的话。

• 有时我觉得，自己就像那些只想拉长途客人的出租车司机，等待机会到来的时间总是很长。

• 企业只是一个生命体，它有它的生命期限，如果不能取得良好的经济效益，它就会随时解散和消失。

• 如果能够开一家不怎么需要店员服务，又能卖好衣服的休闲服店，这不是更好吗？

企业的生命期限

大家有没有想过，“企业”到底是什么？

除了一开始就想创业当老板的人之外，对于大多数刚刚步入社会的人来说，自己应该选择什么样的工作，应该选择到哪一家企业去服务，这方面的事一定想得很多。因为一旦决定到某家企业去工作，就意味着自己今后生活的方方面面都和这家企业结下了不解之缘。

很多人认为，企业是一个非常稳定的组织，在那里工作，自己的生活便可以得到保障。可我并不这样认为。

企业，从其本质来说，并不是一个永恒不变的实体。企业具有非常大的流动性，而且其永久存续的可能性也非常低。也许，一开始是因为有人有了一个很好的商业机会，于是聚集起人、财、物等生产要素，以“企业组织”这样一种看不见、摸不着的形态开始经济活动。但是，我们要知道，经济环境一直处于变化之中，企业随时会面临赚不到钱或商业机会不复存在的困境。如果遇到这样的困境，企业就有可能消亡，或者不得不转变为其他形态来谋求生存。所以，我们应该认识到，企业只是一个生命体，它有它的生命期限，如果不能取得良好的经济效益，它就会随时解散和消失。

“二战”后的日本，经济在相当长的一段时间内一直保持着高速发展的势头，甚至获得了“世界经济大国”的美誉。这一美誉使得一些人骄傲自满，开始飘飘然。日本还曾经出现过这样一个神话般的理论：“只要企业存在，员工们以企业为中心努力工作，企业就会持续发展。”对于这个理论，无论是企业经营者还是一般员工，当时都深信不疑。这种理论一直流传下来，直到今天人们才发现那是一个谬论。事实证明，一切依赖于企业的时代已经结束，这种“企业不死”的理论也已经土崩瓦解。

这并不是说，由于时代的变迁，企业的本质发生了变化。而是因为，企业本身是有生命期限的。如果企业不进行创新，不催生新事物，生命期限就会结束，企业也就会自行消失。所以，从这一点上来说，不管环境怎么变，企业的本质是不会发生变化的。

当然，如果企业能够持续稳定发展的话，企业形式也会随之发生变化。但是随着管理组织的逐渐庞大，做决策的速度和效率也会变得迟缓。所以，作为企业来说，“事业 = 生意”是其基本的发展规律，但不能只停留在“安定”与“形式”上，应该走一条与之相反的路。

和我同时代的，都是属于“二战”后出生的第一代人，这些人被称作“团块世代”，他们大多数在大企业里工作。就是这一代人，当他们刚刚踏进 40 岁的门槛，就遇上了泡沫经济的崩溃。特别遗憾的是，就在他们积极充当企业裁员和经营重建的摇旗手时，自己也不知不觉地被列入了裁员名单。就这样，这些把自己的一切都奉献给了公司的企业战士们，人生信念遭受了一次致命的打击。

泡沫经济崩溃后，日本经济一直处于低迷之中。设想一下，如果一个人已经工作了 30 多年，那么，他的 30 多年可以用“20 年的大成功 + 十多年的大失败”来定义。我自己一开始也没有清晰地意识到大成功之后会有大失败。但是我现在知道了，原来这个失败的因子早已经潜伏在成功之中。也就是说，成功中蕴藏着失败的胚芽，而这个失败的胚芽在成功期间悄悄地抽芽生长，从而酿成了现在这样的恶果。

优衣库为什么能快速成长？

有人说，优衣库曾经在短时间内实现了快速成长，并取得了巨大的成功，现在是不是也应该开始走下坡路了呢？对此，我们认为，从优衣库的现状来看，我们并没有处于失败的状态，现在这个状态其实是优衣库最普通、最正常的状态。公司现有的组织系统和管理体制早已经被塑造成了可以根据市场变化灵活伸缩的状态。举例来说，2003 年 8 月公布的年度决算报告显示，我们的年销售额已经达到 3 017 亿日元，税前利润达到 469 亿日元。这个利润水准不能说很差吧。

企业这种组织，具有“组织结构和资产规模随时对应销售规模而变动”的灵活性。没有这种灵活性的企业是不行的，僵化的组织结构迟早会出问题。正如我上面所讲的那样，企业是有生命期限的，如果不能随着环境的变化而改变自己，那么企业就不可能很好地生存下去。作为经营者，不管企业环境如何变化，持续提高经营业绩是其最基本的职责。

优衣库在经过一阵大发展的高潮之后，销售业绩出现下滑也是不争的事实。对于一般消费者来说，当他发现自己家门口的优衣库店要关门时，也许会想，优衣库看来是越来越不行了啊！但是，关闭不盈利的店铺本身就是一个自我改变的过程。

在企业正常的经营活动中，事业的荣枯盛衰是常有的事。

有些人对于快速发展的企业总是心存疑虑，有些人则对一家善于挑战的企业最终获得成功感到厌恶。对于同一件事，人们会有各种各样的想法和意见，这是不足为奇的。当然，这些想法和疑虑作为个人意见来发表是可以的。但是，如果媒体也掺和进来，那就不应该了。

在我们企业快速发展的过程中，媒体总是一边抬轿子，一边摔轿子。企业发展得稍微快些，它们就会说“快速发展是有危险的”，“还是稳定发展最为重要”。甚至有一家日本著名的商业杂志还曾这样写道：“长时间随波逐流求发展固然重要，但是当前更为迫切的是不是应该有效控制住这种发展？”虽然他们也只是随意地就事论事发表意见，但总是给人一种不适感。好的时候一个劲儿地夸你，不好的时候就把你说得一无是处，这种做法本身就有问题，更不应该是一家很有信誉的商业杂志所应该做的事。

过去，日本经济处于繁荣发展的时期，日本人的中产阶级意识非常强烈，而且具有很强的集体主义倾向，所以媒体的评论也容易一边倒。但是当日本人的中产阶级意识随着社会竞争加剧而逐渐消失的时候，媒体的竞争意识依然停留在“排排坐”

的层面上，报道的观点也人云亦云，完全没有自己独立的见解。

优衣库之所以能够快速发展，是因为大家想尽快实现公司的经营理念，是全公司上下拧成一股绳努力拼搏的结果。优衣库被全社会关注，并不是我们自己所能控制的，更不是我们所愿。但是我们知道，来买优衣库商品的顾客，很自然地会对商品的价格和品质进行评论。如果公众好评如潮，自然会促进企业的成长和效益的提高。作为企业，我们需要做的是努力挖掘顾客的需求，按照顾客的需求生产出更好的商品。至于这样做是否会引起新一轮的“优衣库热潮”，那是谁也无法预料和控制的。

父亲的影响

我的父亲是一个旧式商人。他为人敦厚、重情义，只是为了家庭生计而从商，谈不上是企业家或经营者。“生意是在实践中做出来的”，这是父亲教给我的生意经。但有时，我对父亲的某些做法不敢苟同。所以，父亲既是我的老师，也是我的反面教材。但毫无疑问，父亲对我的影响非常大。

1949 年（昭和二十四年），父亲在山口县宇部市开了一家专卖男士服装的小店，名叫“Men’s Shop 小郡商事”。因为主要销售男士西服，喜欢穿高档西服的银行员工及证券公司的人会经常光顾这家小店。

我们有很多亲戚在九州、山口等地开洋服店和男士服装店。父亲小学毕业后，先是在伯父开的店里帮忙，后来才在宇部市独自开了这家店。店里一开始还定制衣服，后来逐渐以销售成衣为主。

我读中学时，父亲又开了一家与服装业毫无关系的建筑公司。用当时的话来说，就是“搞土建”的。做这种工作经常要与政府官员打交道，好坏且不论，反正这很符合他的性格——担任地方国会议员的后援会会长，与大企业的经营者们频繁交往。在宇部这样一个地方小城市，父亲也算是一个“老板”级的人物。父亲曾说，如果再年轻一点搞土建的话，应该比做西服店更成功。

父亲的脾气既暴躁又严厉，所以我尽量避免与他接触，总之我很怕他。父亲工作很忙，晚上又经常有应酬，所以每天很晚回家。现在想来，我的早睡习惯也许就是那个时候养成的。因为只要与父亲撞见，必然会遭到训斥。

记忆中，我好像总被训斥。现在回想起来，这也许是对我的一种激励。我有一个姐姐、两个妹妹，大概是父母对我这个儿子寄予了太多的期望，希望我茁壮成长。而我又不是一个很乖的孩子，所以有时要挨揍。在我很小的时候，就被灌输了“不管做什么都要做得最好”的理念。可能是出于这个原因，我的脑海里就形成了这样一种概念：父亲管教儿子就应该是这样的。小时候几乎没有得到过父亲什么表扬，只是在考上高中和大学的时候，偶尔才被赞赏两句。

看到父亲好像赌上了生活的全部，每天像打仗似的做生意，我一直认为自己是不适合这种生活的。但是我竟然继承了父亲的西服店，并将其发展成现今的优衣库。这一路走来，我总觉得自己与父亲的人生轨迹之间，有些不可思议的因缘联系。

父亲独自开西服店是在 1949 年，那一年，我刚出生。1984 年 4 月，父亲因脑溢血病倒。6 月，优衣库的第一家店开张。同年 9 月，父亲从社长退任为董事长，原为专务董事的我出任社长。

1999 年 2 月 1 日，我们公司在东京证券交易所主板上市，我把这个好消息告诉父亲后的第 5 个晚上，父亲去世了。父亲去世的第二天，也就是 2 月 7 日，刚好是我 50 岁的生日，而父亲 79 岁的生命却画上了句号。在葬礼上，我对亲戚朋友们说：“父亲是我一生最大的竞争对手。”那是我第一次在众人面前号啕大哭。

玩具商的梦想

幼年的我很内向，看上去还有点少年老成的样子。尽管父亲总是激励我：“不管做什么都要做得最好”。但是我并不想取得最好的学习成绩，对于自己将来想干什么也没有好好考虑过。小时候，我比较爱玩玩具，偶尔还有长大后做个玩具商的念头，只是从未认真想过。初中、高中阶段也没有什么特别的爱好。

家里的西服店就在车站前面的商业街，所以我玩的地方也就在商业街。商业街的一楼是商店，二楼是住所，附近有玩具店和书店。书店的店主有时会把很多不要的漫画书送给我，它们成了我的最爱。

每天的早饭是和几个住在家里的店员一起吃的，不快点吃就会挨骂。这完全是过去小店家生活的典型写照。如今在公司担任监察役的浦先生，就是那时住在家里的店员之一。也可以说，他是我们公司发展历史的见证人。

小西服店走上正轨以后，除了建筑公司之外，父亲还经营了咖啡店和电影院，成为当地经营者中比较出众的人物。因为当时正处于经济的高速发展期，土建业务也发展得非常顺利。

在此期间，父亲因自己非常喜欢 VAN 品牌的商品，还开了一家 VAN 的商店。我在高中时代经常穿 VAN 品牌带活动衣领的

T恤和旅游鞋。这应该是我喜欢上休闲服的一个原因。

父亲虽然嘴上从来没有说过，但是至少在心里想着，让我来继承西服店。而我在潜意识里也认为总归会是这样的结果。所以，少年时的我从没有想过将来要做其他工作。

上大学时，我第一次离家来到东京。由于青春期特有的对家庭的叛逆心理，我当时特意选择报考了东京地区的大学。20世纪60年代后期的东京，嘻哈文化和民间歌舞十分流行，所以我想，去东京后会有很多好玩的事情。这种期待让我心潮澎湃。

当时的东京被年轻人的激情驱动着，到处洋溢着青春的活力，当然也有骚乱。刚进早稻田大学时，正好是日本“反日美安保”学生运动的鼎盛期。我几乎没有到学校去上过课。由于罢工运动很多，有将近一年半的时间，学校几乎关闭。我对有暴力倾向的学生运动提不起兴趣，于是整日沉湎于看电影、打弹子房、玩麻将什么的，一转眼大学四年就这样浑浑噩噩地过去了。

大学期间，我还曾经到美国自助游，还到早稻田和高田马场的大音量爵士乐舞厅去喝茶。但说实话，当时去得最多的地方还是麻将店。平时不上课，到了大三、大四时，也不考虑就业问题，心里只是想：能够不工作最好。

1971 年 3 月大学毕业后，我没去找工作，就这样闲荡着。到了 5 月，在父亲的强烈要求下，我虽然怀有很大的抵触情绪，但还是硬着头皮进了父亲推荐的佳世客超市（现永旺集团），当了一名普通店员。

佳世客当时的人事部长是现在的永旺集团创始人兼名誉董事长冈田卓也的姐姐。记得刚进公司时，我的强烈印象是宿舍的设备很齐全，对人的照顾也很周到。进公司后，我被派到四日市的总店去研修。

研修结束后，我被安排到卖刀具、砧板、沥水箩等杂货的柜台。由于是自助式商场，所以，我主要的工作就是补充商品，整天往返于商场和仓库之间。

而后，公司可能是考虑到我的家业，几个月后将我调到男士服装商场。在那里，我一半时间接待顾客，一半时间补货。工作对我来说是没有乐趣的，我一直想，就这样做下去多无聊啊。但另一方面，又没有自己特别想做的事情。由于没有认真工作的动力，到了第二年的 2 月，我就把工作辞了。那时候的我真的是很任性。

对于这次辞职，我向父亲说了一个理由："想到美国去留学"。就这样，我又回到了东京，上了一所英语口语学校。但游手好闲的坏毛病还是没改，并且还动了想和几年以前就认识的女朋友（现在的太太）结婚的念头。大约过了半年，父亲对我说："同意你们结婚，回到家里来吧。"而那时，我自己的想法也有了一些改变。于是在 1972 年 8 月，我离开东京回到了老家宇部市。

继承家业

当我决定回家继承家业后，父亲可能是忙于自己土建公司的事，什么也没有向我交代，就把男士服装店交给了我。由于不知道自己该做些什么，我进店后就和其他的店员一样，忙于接待顾客，做些杂七杂八的事情。当时，"小郡商事"已由一家个体商店发展成为拥有 600 万日元资金的"小郡商事株式会社"，公司有了一家年销售额 1 亿日元左右的男士服装店和一家销售休闲服的 VAN 店。

虽说自己是一个不孝子，但毕竟是实际体验过佳世客工作流程和管理结构的人，所以在工作一段时间后，我发现店里从进货到销售的工作流程中存在不少问题。整个店铺效率低下，即使是拿了高档西服到商业街的西服店里去卖，资金周转也实在太慢。虽说公司还没到赤字经营的地步，但也赚不到什么钱。

当我对做生意的道理越悟越深，觉得不能再让这种状态持续下去时，我就和店里的6位店员讲，应该怎么做才是正确的。但是，随后发生的事情很出乎我的意料：这些店员开始辞职。两年后，只剩下浦先生一人。

我原本就没有要和这些老店员闹翻的想法，也许是他们认为我讲得不对，也许是因为对商店的发展前景产生了动摇，最终导致了这样一个令人遗憾的结果。但是，即便是像店长这样的老员工提交辞呈的时候，父亲都没有说过一句责怪我的话。相反，有一天，父亲把公司重要的账本和公章交给了我。如果换作是我，看到这些老员工相继离开公司，一定会说些什么。现在回想起来，觉得父亲真是很伟大，不愧是一位值得尊敬的经营者。我猜想，父亲当时也许是这么想的：如果你真有决心干一番事业的话，那就放手去干，即使公司最后让你搞垮了，父亲在有生之年还能帮助你恢复元气。

当我从父亲手中接过公司公章的一瞬间，我就知道自己已经没有退路了。既然公司的接力棒已经交到了我的手上，我一定要竭尽全力，拼命把公司办好。这一刻，我有了一种想“豁出去”的经营激情。

这一年，我刚满25岁，按照现在的优衣库的人事制度来说，刚好是可以提拔当店长的年龄。

因为干活的员工都走掉了，剩下的我和浦先生两个人什么都得干。进货、陈列商品、整理库存、接待顾客、算账、清扫……根本没有休息日，每天忙得不可开交。因为是地方城市的小店，很难找到正式店员，有段时间就靠小时工或学生工帮忙。

虽然工作很累，但是我也意识到，做生意绝不是单纯的卖东西。从商品进货到销售额的精确计算，从银行存款到决算报告出来后缴纳税金，还有员工的招聘面试，对他们进行工作指导安排，等等，每天的工作内容纷杂而烦琐。就在这样的忙碌之中，我也渐渐体会到了工作的乐趣，也终于理解了“自己做出决断，自己付诸行动”这个基本的生意经。

我一直认为自己是一个性格内向、不适合做生意的人。但是一段时间下来，我意外地发现自己“其实也是一个能干的人”。那种帮顾客量体裁衣，最终把商品卖出去的成就感，能在一瞬间让我充满快乐。

即便是现在，看到对面走过来的陌生人，我也能马上说出他穿衣服的尺寸，知道他胸围和腰围的大小。这是我在接待顾客的实践中苦练出来的真功夫。

男式西服向休闲服转变的预兆

男士西服销售量的大小，在很大程度上取决于店员接待顾客的技巧和态度。同样一件衣服，你推荐得法，可能就卖出去了。如果推荐不得法，本应该做成的生意也会丢失。所以，卖西服这行当，无论是做行销，还是量尺寸，对技术和经验都有相当高的要求。但是，卖休闲服则不同，你不用给顾客量体裁衣也能卖得掉。只是，卖得好的衣服常常断货，而卖不动的衣服怎么想办法都卖不出去，两者差距很大。

男士服装，特别是西装，价格很高，毛利也很大，但是就像日本的和服一样，商品的周转期很长，一年往往只能周转两次，好的话顶多也就周转三次。卖得好就能挣钱，卖得不好就会积压库存。有时我觉得，自己就像那些只想拉长途客人的出租车司机，等待机会到来的时间总是很长。

浦先生负责的 VAN 店，也在同一条商业街上，我常常溜过去看看店里的休闲服销售情况。如果说自己适合卖哪一种衣服，我觉得，卖那些不需要给客人量尺寸的休闲服似乎更适合我。西服只销售给 20 岁以上的男士，而休闲服的客户群没有年龄限定，很大众化。休闲服是不是一个很有未来的市场？那时，我开始隐约感觉到休闲服市场的发展潜力。

当初，我们公司和“青山洋服”“XEBIO”（赛标，日本体育用品零售品牌）等公司一起，加盟了“日本洋服顶级连锁协会”。那时，日本的服装零售业正处于郊外型店铺的蓬勃发展期。在同行们纷纷寻求上市的氛围中，我感觉到自己公司只经营男士西服的局限性。于是，我的脑海里开始有了一个朦胧的想法：在郊外开一家大型休闲服商店也许很有意思。

海外商品专卖店

在宇部这样的地方城市，各方面信息比较闭塞。为了了解最新的时装信息，我经常买些时装杂志和饰品杂志来读。我每年都去海外一次，特别是去美国、英国等欧美国家看商店。尤其是看当时那些先进的服装零售企业，如ESPRIT（思捷）、BENETTON（贝纳通）、GAP（盖璞）、LIMITED（美国女装品牌）、NEXT（英国服装品牌）等品牌的连锁店，看了之后受到了很大的刺激。刚开始时，我是通过参加行业协会组织的商业考察团，和同行们一起去海外考察的。后来，我就自己一个人跑到美国去采购商品，诸如T恤衫、牛仔裤之类；也跑到英国伦敦去采购T恤衫、饰品和古董表等。

于是，我就开了一家专卖海外商品的店铺。此后，公司基本上是每 3 年开一家服装店，先后在下关、小仓、小田野、广岛等大城市的商业街或购物中心里拥有了门店。虽然有了专卖海外商品的店，但是西服店和休闲服店始终是拉动公司经营的两驾马车。那个时候，刚好是人们开始感觉到穿休闲服比穿连衣裙更能受人关注的时代。

开新店，销售额肯定会增长。但是，采购成本和管理经费也同步上升。所以，公司并不一定赚钱。到国外采购自己喜欢的商品，放在自己喜欢的店铺中卖，说到底也只是一种个人的兴趣爱好，压根儿谈不上是正规的商店经营。

我也尝试着开了几家专卖女装的店，结果发现，毛利比男装还低，而且商品的流行周期还非常短。

那段时间，我还关闭了几家无法提高销售额，经营又不好的店铺。不夸张地说，那个时候是开了关，关了又开，很是折腾。也许我就喜欢这样折腾，有一种玩玩具、做游戏的感觉。

优衣库一号店

同一时期，我曾到美国的大学生活协会参观。

在那里，学生需要的生活物品一应俱全，而且取用方便，根本就不需要店员去接待他们，完全是自助形式。店里也没有那种挖空心思想要把东西卖出去的商业味，店铺的布局完全是站在顾客的立场上设计的。学生们进店就像逛书店和唱片店一样，十分随意。有中意的东西就买，没有中意的，就逛一圈再出去。我突然意识到，以这种形式来销售我们的休闲服一定很有趣。但是，仅以这种单纯的“自助服务”方式，容易被别人误解为是我们在省人工费，这种误解是我们所不愿意看到的。所以，我们认为最理想的服务方式，就是“客人想要的自助服务方式”。这也就是后来成为优衣库经营宗旨的“HELP YOURSELF”（自我帮助）。

在书店或唱片店，客人如果没有特殊要求，店员一般是不需要进行专门的接待服务的。利用这个空余时间，店员们刚好可以补充货源、整理商品，为顾客创造一个良好、舒适的购物环境。欧美的休闲服商店也有店员专门接待顾客的服务。而我在想，如果能够开出一家不怎么需要店员服务，又能卖好衣服的休闲服店，不是更好吗？

进入20世纪80年代，美国诞生了一批像LIMITED、GAP这样单靠卖衣服，一年销售额就可以达到数千亿日元甚至超过1万亿日元的服装品牌连锁店，这些店的发展速度非常迅猛。同一时期，大型超市及折扣店等以自助式服务为主的零售企业也得到了快速的发展。1983年前后，日本也兴起了一股折扣店热潮。这个时期也是设计师品牌和卡通品牌等高价洋服开始走俏的时期。

但是，即便是折扣品牌店的商品，对于十几岁的青少年来说还是望而却步的高价商品。能不能针对这些十几岁的孩子们，用自助式服务的销售方式，提供紧跟流行时尚的低价格的休闲服呢？此时，在我的脑海中，我想要的店铺及商品的模样渐渐地清晰了起来：开设一家“任何时候都能选到衣服的巨大的仓库”。为了清晰地表达这个商铺的定义，我决定把店名定为“UNICLO CLOTHING WAREHOUSE”。

那时，到大城市去挑战一下的念头也越来越强烈。说起山口县附近的大城市，只有福冈和广岛了。在广岛市中区的主要商业街边上的一条小巷里，有一个叫作袋町的地方，我在那里很偶然地发现了一个很好的商铺位。为什么我会选在小巷里开店呢？一方面是资金不足，难以到商业街上去开店，另一方面，我也意识到，当时在小巷里开设设计师品牌服装店会成为一种潮流。

这就是本书的前言里介绍过的第一家“UNICLO CLOTHING WAREHOUSE”休闲服专卖店的诞生经过。商店的经营理念是“让顾客像买周刊杂志一样买休闲服”。商店开在人口密集的市中心地带，但地处小巷，房租便宜。我们租用了一栋公寓楼的一楼和二楼，合起来约330平方米。商品的价格设定为1 000日元和1 900日元两种。开店第一天就盛况空前，从早上6点开门到此后的两天时间里，由于来店的人实在太多，不得不对进店人数加以限制。

“卖完了才进货”，原本是做生意的一条基本法则，但这家店走货之快远远超出我们的预料，结果变成还没卖完我们就得进货的局面。也许是因为在开店前一周在周围学校和车站、商业街等处发放了大量的开店宣传单，同时在电台和电视台做的广告宣传也产生了最大的宣传效应。那一刻，我真的感觉到自己仿佛已经触摸到金矿。1984年6月2日早上6点，优衣库一号店正式开张。这一年，正好是我进入公司的第12个年头。

那时招聘到的第一个前来打工的学生，就是现在担任公司总务部总负责人的植木。他是一个非常勤恳的人，我那时候真希望他能在大学毕业后直接到公司来上班。但那时我又怕公司各方面的条件还不足以吸引他，所以一直没有开口。他在公司打了一段时间的工后，因为还兼做一份家庭教师的工作，忙不过来就提出了辞职。听说他从大学毕业后，进了一家上市公司。从那时开始，我就在认真考虑，一定要把公司打造成一家能够凝聚起一批像植木那样非常适合做零售业，又具有敬业精神的年轻人的公司。之后，当我们公司也在东京证券交易所主板上市后，他真的加入了我们的队伍。所以有时候，梦想也是可以成真的。

我一直觉得我们店铺的名称过长，因为不管你在起名时倾注了多少心血，如果顾客记不住店名，那就毫无意义。所以，我请人设计了年轻人容易接受且便于记忆的标志，那就是优衣库最初的商标——“UNI · CLO”。只不过，当初 UNI 和 CLO 之间是有“ · ”间隔的，几年后，这中间一点也被慢慢去掉了。

那时候的优衣库标志是“UNICLO”。4 年后（1988 年 3 月），公司在香港与当地人合资，准备成立一家商品采购公司时（公司名称定为“UNICLO TRADING”），那个办理公司登记手续的人误把“UNICLO”的“C”写成了“Q”。后来我们从字体上看，发现换成“Q”后，视觉效果反而更好。于是，就决定把公司所有店铺的名称，包括日本国内店铺的名称，全部换成“UNIQLO”。

现实生活往往就是这样，一次偶然的差错正是一个美丽故事的开始。

卖得最好的店什么样？

一位最近刚去过优衣库店铺的朋友，回来跟我谈了他对优衣库的印象："很具有开放感的高高天顶，还有一群在那里勤快工作的员工，给人的感觉充满活力和朝气。"这样的评价太让我高兴了。

从开设第一家"优衣库"专卖店开始，我就决心把店铺打造成一个"让顾客可以自由选择的环境"。比如在店铺装修时，我们要求店内的主通道必须笔直且宽敞，这和那些通道狭小且行走不便的品牌专卖店是不一样的。接下来，就是要求尽量不吊顶，露出水泥框架也无所谓，就是要让天顶看上去更高、更有空间感。这就是我们在店铺装修中认真下功夫的地方。在软件方面，要求店员必须保持一个一尘不染的环境，不管在什么时候，商品都要叠放得整整齐齐，并且要做到及时补货。店员不用老是跟着顾客，但是在顾客咨询或需要帮助时，一定要给予最热情的服务。为了工作方便，公司规定店员平时都要系围裙，这样也便于顾客辨认。上述举措都是从"站在顾客的立场上想问题"的角度来考虑的，把顾客"很想去买的店"变成我们"卖得很好的店"。

其实，我们最近也听到一些来自公司内部的批评之声。例如，有员工说，明明是一家时装专卖店，却规定员工必须系上围裙，怎么看都不协调。但是我们认为，好看不中用是没有意义的，外观和功能必须相互兼顾，做到和谐一致。在商品方面，有些时装专卖店注重“时尚至上”，但这不是我们所看重的，因为这不能做到有效的发展。我们优衣库的商品要强调的是服装的基本功能——“容易穿着”，与其他服装“容易搭配”。因此，优衣库必须成为一家重视基本功能的时装专卖店。因为服装本身已经是带有时尚属性的工业产品，功能性和时尚性应该追求合理的平衡，而这也正是我们公司发展至今的原动力之一。

走向郊外

优衣库一号店的成功，使我意识到这应该是一条通向成功的路。为此，我又开始物色新的商铺。听说在下关市郊外有一家汽车用品商店要撤店，我赶紧把它盘下。经过稍微装修，在第二年（1985 年）的 6 月，优衣库二号店（优衣库山之田店）就开张了。这也是优衣库拓展郊外型商店的第一家店。

同年 10 月，我们又在冈山市开了一家都市型店（优衣库表町店）和一家郊外型店（冈南店）。很是凑巧，这家郊外型的商店前身同样也是汽车用品商店。毫无疑问，比起都市型商店来，房租要便宜很多。原有的汽车修理位也保留在优衣库的店铺边上。那个时候正好流行游泳池式酒吧，我还在繁华商业街的旁边设了一个台球场。但一年后就关闭了。

为了吸引更多的顾客来店，强有力的促销手段和广告宣传显然是非常必要的。因此，为了使宣传达到最佳的效果，最好把店铺集中在一个区域里。为此，我们考虑沿着山阳道高速公路中心区域再开一些新店。

我们通过在郊外开店，悟出了 3 个道理。

第一，那时正逢日本开始出现购买私家车的热潮，郊外型和路边型的商店遇到了一个非常好的发展机会。那些二三十岁的年轻人在休息日会兴致勃勃地开着自己的车远道而来，带着朋友或家人来店里买休闲服。也就是说，从那个时候起，休闲服与年龄、性别已经没有太多的关系，成了一个比较大众化的市场需求。

第二，比起流行时尚的服装，日常生活中可以穿用的基本款服装更受顾客欢迎。当我们了解到这一个消费倾向后，就把目标市场调整为无年龄差别、无性别差异、能够应对任何年龄层和任何身份地位的顾客的市场。在商品方面，我们把销售重点放在了时尚色彩不浓的基本款服装上。我们发现，除了知名度很高的国际品牌以外，只要商品质量好，一般的服装也会有非常大的需求量。

第三，比起那些开在繁华商业街大楼里的品牌专卖店，郊外型的服装店往往更能吸引那些有明确购物目的的人。所以郊外型服装店的购买率很高。也就是说，比在都市商业街的店卖得好。

优衣库一号店的基本款商品，主要从岐阜县的制衣商那里进货，那时是岐阜制衣商发展的鼎盛期。商品的价格比较低，同时配以一些进口商品，起到集客的作用。与品质相比，我们在低价格上更下功夫，商品主要以十几岁的男孩穿的休闲服为主。优衣库在郊外开店后，一开始也和一号店一样配置商品，但后来马上发现，来店客人的年龄和层次发生了变化。于是，我们立即对商品做了调整，换以基础商品为主，以应对更大众化的顾客需求。

休闲服是一种平时的穿着，是任何人在任何时候、任何地方都可以自由穿戴的服饰。因此作为一般性服装，如果它的单品质量很高的话，那么它就可以任意搭配，并不一定需要全身的服装都来自优衣库，完全可以和其他的品牌服装一起搭配着穿。我想，如果这种男女都可以穿的中性休闲服能够大量销售的话，那么成功的希望就在眼前了。当然，现实并没有我们想象的那么简单，但是从那时起，我就开始梦想有朝一日自己来开发这些商品。在优衣库三号店和四号店开张的时候，这个梦想实现了。

从制衣商那进来的商品，虽然价格便宜，但是品质不够理想。优衣库的商品出现销售见好的势头后，我们又通过日本国内的制衣商在海外委托加工。由于当时还没有建立品质管理制度，海外加工的产品常常会出现质量低劣的问题。因为进货价格低，如果我们再要求生产高质量的产品的话，工厂会因此没有利润而不愿意接单。在这种情况下，我开始考虑，我们必须在海外组织生产，自己进行生产和质量管理。

自己开发商品

随着新开商铺数量的逐渐增加，公司的资金周转陷入捉襟见肘的窘境。因为是经营低价格的商品，商品的周转率就成了企业运营最关键的因素。

当时因为缺乏资金，哪款商品好卖就进货哪款，实行快进快出。卖得不好的商品，当季处理，决不放到下一个季节再卖。商品采购人员们一直在岐阜、名古屋、大阪等地的制衣商和批发店里转悠，有时也采购些清库处理的商品，当然都是全额买断。由于店铺数量不断增加，畅销商品的供货变得越来越困难。

传统的服装零售店通常是在制衣商和批发商下单的商品中进行选货和进货，并采用代销的方式。这种代销方式对销售方来说没有多大压力，因为卖得不好可以退回给供应方，经营风险比较小。但回避风险的这一部分投入，其实也是转加到了原价上，所以，商品的毛利率就会很低。而商家为了维持一定的毛利率，就必须抬高售价，结果这部分价格就转嫁到了消费者身上。另一方面，由于生产什么商品是由制衣商和批发商主导的，所以最终出现在店铺货架上的商品就缺乏一贯性。更何况有些商品必须按照制衣商或批发商的价格要求销售，零售商没有自由定价的空间。

零售商为了能够控制销售价格，只能采取特别订货的办法。在商铺数量不断增加、商品采购能力也在不断提高的情况下，我们决定采取自己开发商品，然后委托厂家生产“特别订货”的方式。但是若委托海外的制衣厂生产，没有一定的量是不被接受的，而且产品必须百分之百买断，不得退货。这样，零售店就必须承担所有的风险。一旦在商品规划和下单上出了错，会导致致命的结果。

1985 年的《广场协议》[①] 签订后，日元开始升值。1986 年以

① 20 世纪 80 年代初期，美国财政赤字剧增，对外贸易逆差大幅增长。美国希望通过美元贬值来增加产品的出口竞争力，以改善美国国际收支不平衡状况。1985 年 9 月 22 日，美国、日本、联邦德国、法国以及英国的财政部长和中央银行行长在纽约广场饭店举行会议，达成五国政府联合干预外汇市场，诱导美元对主要货币的汇率有秩序地贬值，以解决美国巨额贸易赤字问题的协议。因协议在广场饭店签署，故该协议又被称为“广场协议”。——编者注

后，日元升值更快。按理说，厂家的自主开发品牌和世界名牌商品都应该可以便宜出售了，但实际情况并非如此。就在那时，我加入了一个赴香港的商业考察团。在那里，我看到了“佐丹奴”的带领T恤，价格虽低但品质非常好。我情不自禁地想，“这就是我想要的”。

当时，在上海近郊开厂的人纷纷来到香港，并在香港和东南亚一带开厂。于是欧美的买手纷纷来到这里，着手进行商品的规划、下单。一时间，香港的出口贸易得到了很大的发展。当时，香港的服装生产厂家没有零售和生产的区分，一边做欧美服装的加工贸易，一边自己开店销售。这种比我们在日本做生意还要活络的方式让我意识到，这种做法应该具有很大的发展潜力，我们也必须这样做才有生路。

虽然我是做零售出身的，无法直接生产成衣，不过在委托厂家生产加工时，参与生产管理是完全可行的。事实上，为了能够生产出高品质的商品来，我们也必须这样做。

我们在1987年起步，着手优衣库自主品牌的商品开发。由于当时公司内部既没有设计师，也没有裁剪师，产品规格图样之类的文件都是靠手写，非常粗糙。设计图样出来后就委托厂家加工。由于当初还不知道如何进行生产管理，结果做出来的服装质量很差，以当初的标价根本卖不出去，最终只能降价处理。在相当长的一段时间里，我们只能靠将海外品牌服装折价销售，通过发传单进行促销等方式维持生计。1988 年 3 月，我们在香港开设了采购办事处，与香港人合作成立了现地法人公司。

说起来属于后话，当初在招聘负责生产管理的人才时，一位在体育用品制造公司负责管理非主流体育服饰的小谷先生加入了我们的队伍，他在服装生产管理方面具有十分丰富的经验。1993 年 1 月，他原来的 3 名同事也追随他，相继来到了我们公司。之后，他们长驻中国进行生产管理。从那时起，我们慢慢形成了自己制作商品的环境。

招募加盟店

优衣库开了 4 家店之后，在某种程度上，我们已经对店铺运营有了一定的自信。商品的交易量大增，公司因此进入了强化采购力的阶段。为了增加店铺数量，我们开始招募加盟店。当然，如果有可能的话，我们通过增加直营店的方式进行扩张会更好些，但当时我们投资设备的资金不足，加盟方式更具有吸引力。

“一个拥有 10 万人口的城市，如果店铺面积为 165~264 平方米，就可以实现年销售额 2 亿日元的业绩。”这是我们对加盟者的广告宣传。同时我们组建了一支由各方面的专家组成的服务团队，包括视觉表现方面的插图设计者、广告文案的撰稿人，以及店铺内装修设计的工程师、宣传方面的广告代理公司等。有了这样一支团队，我坚信一定能开出吸引年轻人的店铺。

我向我们公司所属的日本洋服顶级连锁协会的成员们发出了加盟邀请。1986 年 10 月，第一家加盟店在山口市开张。1987 年 4 月，第二家加盟店在仓敷市开张。

1987 年 6 月，我们又在冈山市开了一家直营店（西大寺店）。到 1987 年 8 月，优衣库的店铺（包括两家加盟店在内）数量已经达到 7 家。优衣库专卖店以外的男士西服店、女士服装店等也达到了 6 家。这一年的销售总额达到了 22 亿日元，税前利润达到 6 500 万日元。

寻求企业上市

店铺在顺利地扩张，按照连锁经营的理论，应该呈现出“规模效应”，但事实上，效益提升并不尽如人意。税前利润率的增长速度基本上也就只有 1%~2%。1988 年 8 月决算期的年度销售总额为 27 亿日元，税前利润为 4 300 万日元；1989 年的销售总额为 41 亿日元，税前利润 4 800 万日元，店铺数量达到 22 家（其中 5 家为加盟店）。自 1987 年 8 月以来，又新增加了 7 家店铺。

从二十四五岁开始全面掌管公司，一路走来，我不断地经受着失败。我一直在经营这条路上拼搏着向前奔跑，偶尔停下来一看，发现公司不仅销售规模增加了很多，总资产也已经很庞大了，公司员工人数达到了 100 名左右，银行的贷款总额也早就超过了父亲以及我个人的资产总额。就这样，周而复始地采购货品、销售商品，继而进口货品、开新店等，构成了我迄今为止人生的全部，想想倒也很有意思，居然也走到了今天。公司规模变大以后，有时一步不慎也会前功尽弃。为了让公司能够存续下去，必须认真地学习经营管理方面的专业知识。我读了很多书，还专程拜访了经营咨询专家和注册会计师，像海绵吸水般的充实着自己。

有一本名叫《为上市而战斗》的书，对我产生了很大的影响。

这本书站在读者的角度，深入浅出地把公司经营和股票上市的基础知识讲得非常清楚。于是我打电话给作者，希望能够见面一叙。1990 年 9 月下旬，作者来到了宇部市的公司本部。这位作者就是现在担任我们公司监事役的注册会计师安本先生。那年我 41 岁，安本先生 36 岁。

在对公司整体的情况做了一番研究之后，安本先生开始了他的咨询工作。坦白地说，他那羸弱的样子和他写得那么棒的书实在是对不上号。我曾经闪过一个念头："他能行吗？"后来，安本先生也谈了对我的第一印象：那么大言不惭地说"要做前所未有的全球性企业"，能行吗？看来我们对彼此的看法都差不多。

一开始我就知道，企业上市绝不是一件简单的事情。我记得当时安本先生对我说了两件事，至今印象还很深刻。

第一，首次公开募股并不是我们全部的目的，主要是把公司打造成一家具有上市实力的公司。也就是说，如果不把公司打造成全社会一致认可的好公司，那么今后在这个竞争激烈的环境中就难以生存。第二，要把公司打造成一个即使社长不在，也能顺畅运转的公司。也就是说，公司不是围着社长的指挥棒转，而是由完整的组织结构和规范来保证日常运营。

原来经营公司还有这么多名堂，我怀着无比好奇和兴奋的心情听着安本先生讲课。说实话，我当时并不知道该怎样做才能把公司打造成安本先生说的那种模式。但是，听完安本先生的课后，我认为与其急着让公司上市，不如先把公司的经营体制理顺。

就这样，公司开始进入了改革的阶段。与安本先生对接的是前一年作为信息系统负责人应聘加入公司的菅先生。当时菅先生的职位是业务改善室长，同年 12 月他升为董事，后来又被提拔为专务董事。

这段时间的改革情况会在后文详细叙述。在此，谨把改革的要点罗列如下：

首先，我们重新整理了整个公司的业务，规范了各部门的职能，制定了明确的总部员工岗位职责及工作目标，构建了组织机构图。

我们还分析了优衣库迄今为止取得成功的原因，研究了今后进一步发展所需要的各种要素，并设定了各自的目标。

> 确定了优衣库标准店铺的规模（商场面积、销售额、库存规模、人员体制、设备投资额等）。设定了每一家店的标准损益指标，并以此为基础，制订了一年的开店计划、销售计划、采购计划以及资金安排预算表等。
>
> 整理业务关联企业。
>
> 正确、快速地实施月度决算，对照检查年度预算和月度决算，分析差异，发现问题，采取措施予以纠正。
>
> 对采购、销售、库存、店铺运营、店铺开发等各个环节，为了及时发现和防止违规操作，专门制定了一个监督管理制度，并切实付诸实施，同时为了保证各项工作的顺

利进行，制定了各个环节的工作流程。

改造原POS系统（收银机读取的条形码销售数据管理系统），引进新的涵盖商品信息、销售信息的后台管理系统。

制定公司内部管理规则和运营手册。

制定新店的开店手册，规定店铺开发的程序和基准。

研究设备投资资金的筹措方法。

整顿整理工资体系。

可以说我们把公司的各个层面、各个环节都重新清理了一遍。和大多数的中小企业一样，当时公司的财会业务也是委托给地方上的税务代理人员来打理的，所以没有专门从事这方面工作的人员。为此，公司特地招聘了财会方面的核心骨干。安本先生说："公司的决算书就是经营者的成绩单，必须自己制作。每月的月末要迅速做出决算，然后进行分析评价，从而制定下一个月的对应措施。月度决算流程对公司的运营来说是非常重要的。"对此，我深表赞同。

在安本先生的指导过程中，我唯一坚持的是对于经营理念的观点。我原先的经营理念总共有17条，这是我结合古今东西方企业和经营者的成功秘诀、我读过的书和杂志，以及自己经营企业的切身体会，用自己的语言进行归纳提炼的成果（本书附录罗列了在这 17 条基础上又做了调整的“23 条经营理念”）。

安本先生说：“经营理念再好，如果员工记不住的话，就没有任何意义，17 条太多了，难以记住，应该重新归纳一下，浓缩到 5 条左右。”但我坚持认为，这些经营理念都是必不可少的，其他公司经营理念的多少与我们无关。最后安本先生同意了我的观点。我认为这就是一个企业的文化，必须让公司所有的员工深刻理解这些经营理念，烂熟于心，同化为大家的共识。

在经营理念这个问题上，我没有向安本先生妥协。

这场改革宛如一场风暴，把整个公司从头到脚洗刷了一遍。现在回想起来，能够进行这样大手笔的改革和整顿，从另外一个角度来讲，也许是因为自己是一个经营外行，没有那么多专业知识的框定和思维定式，才会没有思想包袱而勇往直前。

第二章

挑战与实践

• 公司也没有明确的例会，我走到哪里就把会开到哪里，当场做出决策并立即实行。整个公司的氛围就是这样，我们称之为“One Table Meeting”（桌上会议）。因为速度就是生命。

• 与我们自己的实力和能力相匹配的地段，才可以说是真正的好地段。

• 20 世纪 90 年代初的优衣库，如果让每一个员工都独立思考，那就会迷失前进的道路和方向。相反，如果没有独断行事的体制，我们就不可能一次次地突破难关，向更高的目标进军。

从生意人到经营者

公司开始改革后，我们就想着要上市。为了进一步扩大公司规模，我们必须获得更多的开店资金，必须确保拥有更多可以开店的区域，当然还要吸引更多的人才到公司里工作。现实社会中，如果公司没有名气的话，别人连商铺都不愿意租给你。

另一方面，我们也意识到，必须认真地拓展连锁经营业务，否则公司就会面临生存的危机。正当我们研究如何加快开店速度时，我们发现日本的税收制度是一个非常大的障碍。

从理论上来说，如果开店速度加快的话，销售量和采购量必然会有所增加，这就会导致周转资金需求量的增大。由于销售收到的是现金，而采购支付的是几个月后兑现的信用证，因此就产生了销售现金与采购款在资金周转上的差额，可以全部用作开新店的设备投资资金。

这本来是一件好事，但是日本的税收制度给我们带来了麻烦。当时利润的六成是要缴税的。假设两年连续获得 10 亿日元的利润，约 6 亿日元要用来缴纳法人税、事业税和地方税。更有甚者，前一年税金的一半，即 3 亿日元（去年利润的三成），必须在当年的中期缴纳完毕。从专家的角度来看，我的这种算法可能有些奇怪，但我在心理上总觉得第二年度利润的九成（即 9 亿日元）就要作为税金从收入中消失。我们要快速扩张，就会在第二年上半年面临资金周转的压力。所以，经营上虽然获得了利润，但没有现金。如果没有担保，银行是不会借钱给你的。对于想要快速发展的公司来说，如何应对日本的税收制度，是一个非常重要的课题。面对种种问题，我们就觉得上市是筹措资金的唯一生路了。

1991 年 9 月 1 日，在狭小的铅笔形大厦 4 楼的办公室里，我对聚集在这里的公司总部员工们大声宣布："从今天起，公司名称从'小郡商事'改为'Fast Retailing'（迅销），优衣库正式拓展全国连锁业，每年开 30 多家店，3 年后达到 100 家，尽快实现公司上市目标。"

这个目标一旦失败，公司也许就会倒闭，但现在是最好的扩张机会。成败在此一举，只能孤注一掷。这是我当初的真实想法。

在场的所有员工、干部都非常惊讶。当时公司直营的优衣库门店有16家，男士西服店和女式服装店有6家，加盟的优衣库店有7家，加起来总共有29家。而从开设这29家门店所花费的劳力和时间来看，大家都知道，一年要开30家门店简直不可能实现。但我相信，只要制订严密的经营计划，并得到彻底的贯彻落实，要达到这个目标绝不是没有可能。

既然已经确立了上市这个目标，只能一个劲儿地往前冲，这也是我的性格使然。为了切实推进连锁扩张计划，我感觉到自己仅仅作为一个喜欢做生意的人是不够的，我必须向一个真正的经营者蜕变。为此，我必须努力学习。

做生意和经营一家企业是两回事。与经营者相比，我知道自己还只是一个生意人。所以，我必须一边准备企业上市，一边尽快把自己打造成一个真正的企业经营者。

经营者和生意人的区别在哪里？我认为，生意人大多是指喜欢买卖商品这种商业行为方式的人。从这个意义上来说，大多数中小企业的社长，都还称不上是经营者。经营者必须有明确的目标，能够制订出严密的经营计划，带领企业迅速成长，最大限度提升企业的效益。

更改公司的名称，是我很早以前就开始筹划的事。我一直想把优衣库的商品打造成为日本“休闲服的商品标准”。新的公司名称表明了要实现这一目标的行动方针。如果直译的话，可以翻译成“迅销”，意思就是要迅速捕捉顾客的需求，迅速把顾客的需求商品化，迅速摆上店铺销售。

我公司自己设计规划的商品，是委托工厂加工，然后将商品全部买断，再从店铺卖出去，同时将销售结果反馈到商品的设计规划中去。这样，从商品设计到终端销售的各个环节都能保证高效的运作。在整个流程中，我们承担对商品的全部责任，并排除一切不必要的浪费和无效劳动，把由此省下来的利润返还给顾客，让顾客享受到更多价廉物美的实惠。由于所有的风险都由我们自己承担，所以反过来可以这么说，我们只要把风险控制在公司能够承受的最大范围里面，然后就可以行动了。

通过从事公司上市的各种准备工作，我发现自己学到了很多。

制订经营计划

目标和计划在企业经营中是必不可少的。既然我们已经第一次制订了3年发展的中期经营计划，那么不妨对公司的发展前景做一个更长期的展望。于是我们开始推敲公司发展的长期规划。若要让优衣库的标准门店在3年后能够达到100家，那么销售额就可能达到300亿日元的规模。这样一来，再发展到1 000亿日元的销售规模，就并非痴人说梦了。我坚信，这决不是一个遥不可及的梦想。也许是偶然的巧合，自己参考着美国的LIMITED、HomeDepo（家得宝，主营家居建材用品）、沃尔玛等世界著名零售企业的发展历史，在10年前制订的发展规划，竟然在10年后顺利实现了一年3 000亿日元的销售目标。

我一直对员工们说，人要有远大的抱负和目标。人一旦追求稳定安逸的生活就会停滞不前。胸怀远大目标，然后向着目标一步步地前进是非常重要的。

目标不能定得太低。当你把目标定得很高，甚至看上去有些离谱时，你也不用担心。只要你制订严密可行的计划，并在纸上写下来，经常把努力后的结果和目标进行对比，再适当做些调整，即使目标再高，大致上还是有可能实现的。关键是要坚持不懈，绝不能半途而废。

奥林匹克选手们经常把刷新世界纪录作为自己的奋斗目标，并为之刻苦努力。换言之，如果没有要刷新世界纪录的伟大抱负和为之付出的孜孜努力，那就绝不会有诞生新的世界纪录的可能性。同样，企业在制订短期、中期和长期的经营计划时，也要下狠心，把目标定得尽可能高一些。

清理关联公司

优衣库当时有许多家相关联的子公司或合资公司，包括优衣库店铺销售代理公司、店铺内外装修设计公司、香港的采购公司、股东关联的公司（不动产租赁）等。这些公司都和优衣库公司本身有生意上的往来。

对此，安本先生说："公司上市，就应该把公司的经营状况尽可能地透明化，让投资者能像透过玻璃窗一样对公司的情况一目了然。关联公司一多，别人就搞不清楚这里面的名堂。所以，最好是什么关联公司都没有。当然，有了关联公司，即使没有什么不正常的交易，也必须公开总公司与这些关联公司的业务往来情况。对于申请上市的公司来说，这也许会增加许多额外的手续。但是对于投资者来说，可能因为搞不清楚里面的关系而觉得有风险。那样的话，他们就不愿意投资。"

清理这些关联公司，前后花了一年半的时间。尤其是在清理一家与亲戚有些瓜葛的资产管理公司时，我花费的时间最长。

银行交易和担保

日本企业的资金筹措，主要是通过银行的融资。开办公司，如果创业者个人没有资金的话，只能向银行借。但是，向银行借钱必须有担保。

我在 1991 年 9 月宣布要加快连锁经营的发展步伐。此前，我曾经和主要的交易银行谈过："优衣库今后每年要开 30 多家门店，3 年后达到 100 家，准备上市，拜托银行给予支持。"对此，银行方面表示可以理解。但是一年后的 1992 年 8 月的年度决算报表出来时，情况却发生了变化。根据 1991 年 8 月发表的决算报表，公司过去一年的销售总额为 72 亿日元，税前利润为 3.5 亿日元。而根据 1992 年 8 月发表的决算报表，公司过去一年的销售总额为 143 亿日元，税前利润为 9.2 亿日元。[①]

恰逢日本泡沫经济崩溃，从那家银行贷了不少款的几家企业倒闭了。为此，银行的分行长担心我们的优衣库也会遭此厄运，开始对我打预防针似的说："我看已经差不多了，开了这么多的店，应该可以告一段落了吧。"

我听了他的话，连忙解释说："你们银行方面是知道我准备

① 优衣库的年度决算期是从当年的 9 月至次年的 8 月。——译者注

3 年开 100 家门店的计划的，更何况我现在的业绩等各方面都很好，不能因为你们银行方面的原因改变我的经营目标吧。”但分行长还是无意改变自己的想法，他对我说：“我们银行已经不可能再继续向你们提供资金支持了，要不你到其他银行去问问吧。”听了分行长的话，我也实在没有办法，只好跑到其他几家银行商量融资的事。我亲自写了担保内容和融资规模的详细计划书，有两家银行看了我的计划书后同意贷款给我们。

于是，我又来到那家主要的交易银行，对分行长说：“其他银行答应贷款给我了，我想把担保抽出一部分，抵押到其他银行去，请一定给予谅解。”谁知话音刚落，分行长竟像干柴着火一样，勃然大怒。我一头雾水，明明是你叫我去和其他银行商量的，怎么就发火了呢？我到现在还记得那位分行长当时说的话。

“没有人会跑到人寿保险公司去为自己买人寿保险吧。”原来分行长说的“到其他银行去问问”，是指通过自己的银行去和其他银行商量。

为了说服我，分行长还好几次叫来我们公司董事菅先生，并给安本先生打电话，又发很长的传真，试图让他说服我放弃继续开新店的念头，回到稳定发展的轨道上来。同时，他也发了传真给我。

传真的内容主要是说“银行和普通的企业是不一样的，请不要误会，信任就要有信任的样子”。而我当时只认为银行贷款给我，我付银行利息，我和银行的关系是对等的。而事实上并非如此。就银行方面来说，他们是把接受融资的企业看成银行的子公司，所以银行说的话是一定要听的。而我当时确实没有在这方面多考虑。

分行长想收回贷款，并开始说出中止原先说好的通过第三方贷款的话来。为此，我只好找银行总部的负责人谈，还到与银行相关的租赁公司去谈。当时我想，我们在那个租赁公司的租赁余额比在银行的贷款余额还多，即使银行想收回贷款也很难。结果，费了很大周折，银行最终没有抽回资金，一直支撑到我们上市。现在回想起来，那真是一次非常好的经历，我甚至觉得那位分行长可以说是一个好老师，至少，他激发了我咬紧牙关拼命奋斗的决心：“看着吧，我一定要把公司做好给你看。”

前面说的这些，都是发生在我们公司的一些特殊情况。在同银行交易的过程中，有着企业在准备上市时应注意的关键要点。

公司的开店资金主要来源于账期周转的资金和银行的贷款。而银行贷款当然需要提供担保。我发现日本的银行在这方面有一个坏习惯，“企业”从银行贷款，却要“个人”承担全额的连带担保责任。反过来，企业一旦上市，又必须解除个人的所有担保。也就是说，企业向银行借款需要个人担保，这是因为银行将企业和个人混为一体。而对上市公司来说，则必须理清这方面的关系。

向银行贷了款，就感觉到自己做每一件事情都要在意与银行的关系，好像自己完全从属于银行似的。因为有连带担保，一旦公司经营失败，个人的生活也跟着被毁掉的事也经常发生。所以，我认为在企业经营中，个人生活和企业经营应该清楚地区分开来，避免公私不分是十分重要的。

稳定人才队伍

企业准备上市这件事，公司里谁都没有经历过。把公司的所有业务，按照职能和目的进行划分，构建组织和业务体系，对我们来说还是第一次。在被称为公司这辆车的两只轮子的商品部和店铺运营部，相对来说人才比较多一点。但在公司的管理部门，我却明显地感觉到人才不足。

一般来说，随着连锁经营规模的扩大，门店数量的增加，公司总部人员数量会膨胀起来，但这一点恰恰是我一直想避免的。就好比一个国家的国力提升了，但人们还是希望政府机构是小机构一样。不过，我还是充分认识到那些不直接产生利润的管理部门的重要性，只是需要考虑与其他部门的平衡。所以，我们最小限度地使用了一些人才，或者中途从公司其他部门调配一些干部充实到管理部门来。干部们都在各自的岗位上拼命地工作。现在想来，这样的做法或许有些野蛮。但如果当初精英太多，反而不容易做决策，公司也许就不可能这么顺利地上市了。

当时，公司也没有明确的例会，我走到哪里就把会开到哪里，当场做出决策并立即实行，整个公司的氛围就是这样，我们称之为“One Table Meeting”（桌上会议）。因为速度就是生命。如果按部就班地慢慢工作，无论如何也实现不了一年开 30 家店的目标。因为店铺每天都在营业，所以周六、周日几乎不休假，这种状态一直持续着。

建立信息系统

公司引进 POS（销售时点信息）系统是在 1988 年 7 月。那时直营店有 12 家，加盟店有 3 家。此前的销售信息处理是委托计算机厂家的数据中心做的。

采用了 POS 系统后，各个门店的销售信息能够马上传到总部。但是当初的系统最多只能处理几十家门店的信息。通过POS系统，我即刻就能知道销售前30位、前100位的信息，并马上向各方下达指令。如果今后门店拓展到100家以上，现有的这套系统显然是不够用的，所以我们决定引进新的系统。

对于大规模发展连锁经营的企业来说，能否通过计算机系统在第一时间准确分析出销售状况，并将其反映在投入商品、门店间调配货物、调整售价的对策中，是我们经营成败的关键。而要做到这些，没有相应的计算机系统是不可能实现的。我意识到，通过数据进行管理的时代已经到来。

正是因为计算机系统和通信手段的发展，我们不仅构筑起了销售信息和库存信息处理等基础系统（血液），还建立起了信息传递架构和邮件、数据共享等系统（神经）。门店和总部可以在一个相互平等的立场上互换信息，有时，店长会因为总部的疏忽而大发雷霆。如此，保持一种相互间颇有些紧张的关系也不是一件坏事。所以，建立信息系统对企业的经营来说，是非常重要的事情。

商品规划

即使具备了充足的资金和人才资源，构建了强有力的信息系统，但是对于一家企业来说，作为主角的商品如果对顾客没有吸引力，那一切都会失去意义，公司也不会因此创造利润。为此，我们又针对商品的方向性、质量以及数量加快改革商品规划（Merchandising，简称“MD”）。在商品采购的时代，我们称商品的采购者为“买手”。而当商品转为由本企业自行设计制作的时候，担当这一工作的部门以及具体从事这项工作的人就被改称为“MD”了。

所谓连锁经营，就是不管到哪家店，都应该以同样的价格出售同样的商品，并提供同样的服务。所以在扩大连锁经营的过程中，我们必须建立这样的体制。为了让休闲服卖得更好，我们必须生产顾客想要的服装，同时也制作好我们自己想要推出的服装。因此，必须建立一种生产后立即可以销售的、将生产和销售紧密相连的体制。我下定决心要把这种体制作为公司努力的方向和最终实现的目标。这件事听起来似乎是一件很容易做到的事，其实推行起来还是有不小的难度，我们只能循序渐进。

美国和英国等先进国家的企业，在服装连锁经营方面的经验是值得我们好好借鉴的。美国的新兴企业能在短时间内从零迅速扩展到几千亿、几万亿日元的销售规模，年增长率达到200% 甚至 300%。日本本身也具备这种经济活动的环境，所以没有道理做不到。为此，我想证明我们也能做得到。

有一段时期，日本几家时装制造商因为发展连锁经营而风靡一时。但后来有一些企业倒闭了，因为没有真正的经营者，还有些公司，设计师当了社长，但只做自己认为好的商品，这显然是有问题的。不管生产多么好的商品，关键还是要考虑如何把它们迅速地卖出去，迅速地转变成企业的利润，这是企业应该优先构建的一个经营体系。显然，他们忽略了这个问题，商品设计很好，质量也不错，就是没有考虑经营方面的问题，把经营当成了儿戏。这些厂家的事例成了我们的反面教材。

担心的事

从无人才、无物资、无资金的“三无”企业开始，通过向银行贷款，制订出 3 年的发展计划，并切实付诸实践——一开始我还是自信满满的，但不久之后我就开始坐立不安了。商品是否卖得好？店里的顾客多不多？一系列的担忧令我整天心神不宁。不论是在总部工作还是在外地出差，我总要亲自去看一下店铺的情况。虽然每天惶惶不可终日，但我确信，除了朝前走别无退路。

其实让我最担心的事，还是从 1991 年 12 月到 1993 年 6 月一直困扰我们的银行贷款问题。因为总是不能如愿，我时时担心公司会发生资金短缺的问题。我已经把自己的财产和父亲的财产全部抵押给了银行，我希望银行能重新做一下评估，再贷一些款给我们。但是，这样的要求超出了分行长的职务权限，所以银行一直没有动静。其间，若稍有闪失发生资金链断裂的情况，企业就会处于十分危险的境地。因为新店开张的日子是固定的，而房租的保证金及装修费用都必须按照合同如期支付。所以，我们的主要交易银行慢慢地从一家地方银行转向了多家银行。“如履薄冰”这四个字的真实含义，我深有体会。

好的地段在哪里?

有人说，零售业的成功与否取决于商铺所在的地段。确实，地段是非常重要的。但是，地段好，租金就贵。不管是卖东西还是做餐饮，都一样。

适合郊外路边商铺的好地段，需要商店门前有充足的人流和车流，交通便捷，而且店面宽阔，从远处看也非常醒目。但是这样的地段租金很高，不是我们可以承受的，更何况当时整个零售业都处于在路边开店的热潮中。而我们的新店选址，通常是寻找那些主干道旁边的小道或者旁道，总之是一些有缺陷的地段，这样租金就会很便宜。在静冈县开的第一家店（静冈草薙店）就是位于干线道路旁边的横马路上，当时周围还有农田。我当初也有些迟疑，开在这个地方真的能行吗？想不到，这家店的生意还挺好。

如果我们选择在好的地段开店，租金自然高。如果生意好的话还可以，生意不好了，在好地段也支撑不下去。所以，我认为，与我们自己的实力和能力相匹配的地段，才可以说是真正的好地段。

我们原先制定的标准门店的规模，也随着时代的变迁进行了调整，面积扩大了很多。从最初的 200~300 平方米，逐渐调整到 400~600 平方米，现在基本上是 600~1 000 平方米。这一方面得益于国家放宽了对店铺规模的限制，另一方面是因为随着我们店铺的知名度的提高，可以比较容易地租赁到好的地段。

外部力量的协助

店铺开发是从寻找合适的开店地段开始的。一开始，公司并没有指定专门的人员担任这项工作，但后来做了最低限度的配置，在东日本地区和西日本地区各配置了一名专职员工。这在当时所有服装零售企业中，是最少的配置了。这么少的人手却要开出这么多的店，这完全要归功于“大和房屋工业”。

一开始，因为我们还没有做出什么大的业绩，大和房屋工业公司并不是很积极地向我们介绍开店的地段。往往是我们向他们要求20个地段，而他们只给介绍一个。最初介绍的一个地段是九州岛地区一号店，地段条件非常不好。经过了一段时间的准备，开店那天，那位把地段介绍给我们的营业所所长，在早上6点开门之前，就来到了店门口。开店第一天，店门口居然没有顾客排队。看到这情景，他竟然说：“今天的开店很优哉游哉的嘛。”我忍不住想对他说：“这就是你给我们介绍的好地方。”

对于还没有很好的信誉和业绩的企业来说，尽管知道人家把很不好的地段介绍给我们，但我们还得和他们交往下去。我那时候就想，一定要和他们搞好人际关系，一定要取得好的业绩，到时，他们就会把好的地段介绍给我们了。

随着我们新店的扩张事业逐渐走上正轨，大和房屋工业公司方面也开始把好的地段优先让我们挑选，甚至他们在公司内部还专门成立了一个对接我们的工作小组。当然，现在我们店铺开发的做法与过去已经有所不同，但是我们能够顺利拓展连锁事业，使营业额达到1 000亿日元，大和房屋工业公司功不可没。

终于在广岛证券交易所上市

1992 年 4 月，我们关闭了最后一家男士西服店。至此，我们所有的店都成了郊外型的优衣库专卖店。关闭一号店以及初期的老店时，也需要一份理性的决断。因为在关闭一号店时，大家都有一种“一号店凝聚了我们当初创业的心血，舍不得关掉”的感情，但是我们确实容不得这样的感情。也就在这时，优衣库的直营店达到 53 家，加盟店达到 7 家。到 1993 年 8 月，直营店已经有 83 家，加盟店 7 家，销售总额达到 250 亿日元，税前利润达到 21 亿日元。

1994 年 3 月，我们在宇部市郊外的山中，一个名叫“大字善和”的地方，建造了我们公司的大楼，把总部迁到了那里。此前公司总部位于宇部市内狭小的铅笔形大厦，大家在不同的楼层办公，每天跑上跑下，导致工作效率低下。我早就想把所有的员工集中在一个楼层里，这样可以随时看到大家，这个愿望总算实现了。这是属于公司的第一份不动产，尽管外表看上去像个仓库。

同年 4 月，直营店数量超过了原先制订的百家店计划，达到了 109 家。同时，公司申请上市的手续也在稳步、顺利地推进。5 月上旬，我们收到了广岛证券交易所准许我们上市的批文，中国[①]财务局的上市听证会也顺利通过。终于，在7月14日——法国大革命的纪念日，公司在广岛证券交易所隆重上市。通过竞价，每股股价最后定位为7 200日元，这是相当高的价格。一夜之间，多达134亿日元的资金打到了公司的账上。我总算松了一口气，以后可以不用再为资金的问题发愁了。

投资方和证券公司对我们的评价是：公司战略和经营方针清晰，具有很高的成长性。开盘第一天，都是买盘，股价一路飙升，最终竟然无法成交。在当天的记者招待会上，我说："股价如此飙升，确实很有点像优衣库的味道。大家对我们如此期待，反而激起了我们的斗志。"第二天，开盘价就升到每股1.49万日元。

我意识到，自己已经站在了新的起跑线上。在不远的将来，海外的一些大企业都会进入日本市场，竞争会越来越激烈。现在，优衣库的门店数量已经超过了100家，公司也上市了，总算成为"国家队选手"，以后我们还要拓展全球市场，冲入奥林匹克。不管走到哪里，我们都要进行挑战！

在广岛证券交易所上市后，我马上确立了在东京证券交易所上市的目标。经过2年零9个月的努力，我们于1997年4月

① 日本有一个"中国地区"，位于京都西部。——译者注

获准在东京证券交易所二部上市。又过了1年零10个月，也就是1999年2月，我们实现了在东京证券交易所主板上市的目标。

到关东地区开店

当时，优衣库的开店区域，已经覆盖爱知县、福冈县、兵库县、佐贺县、岐阜县、熊本县等地。而在关东地区开第一家店是在1994年4月，就是那家位于千叶市绿区的千叶绿店。但开店之后，衣服根本卖不出去。当初，每家新店开业时，我必定会前往观察。记得那天早上6点开门时，居然没有顾客来，这可太不妙了。当时的情景，我至今记忆犹新。要打开关东地区的市场，确实面临非常严峻的考验。和现在开店不同，当初只要到一个新的地方去开店，都会面临同样的问题。尤其是在关东地区，公司的知名度很低，衣服卖不出去也在情理之中。

其实不光是关东地区，在哪个地方都一样。一开始总是很困难，直到开出了几十家店之后才会有所突破，其后销售额才会直线上升。但关东地区一直很难突破。直到1998年11月，东京原宿店开张后，才总算出现了转机。

自从在关东地区开出第一家店后，在以后的四年半中，我们主要在茨城县、千叶县、埼玉县等16号国道环线的外侧一带开店，当时在东京则完全没有知名度。我一直在琢磨，关东地区人口如此稠密，为什么销售额就是上不去呢？后来，我终于明白了其中的奥妙。原来，和关西人相比，关东人不太重视实惠，也不会因为价格便宜而购买。如果看到商品不是十分合心意，嘴上不说，但是以后就不会再到店里来。在关东人的眼里，我们是一家从关西地区过来的打折店，也有证券评论家持这种看法。打折就意味着便宜，而“便宜没好货”的观念在关东人的脑海里是根深蒂固的。

后来，我们在北海道开店，一开始时也是完全卖不出去，真让我们吃够了苦头。我们这才知道，北海道的情况几乎和关东地区一样。

统一为“优衣库”品牌

商品的生产如果完全委托厂家，因为商品单价低，对厂家而言没有什么赚钱的余地，他们就会偷懒应付。如果委托给商社，商社也是完全丢给厂家，不会为你尽心地做生产管理，所以，最终成交的商品也往往达不到预期的品质。即使这样，刚开始时我们也只能靠拼命地做大业绩，使交易的总量慢慢增长，来赢得厂家和商社的信任。

即使是自己设计的商品，在工厂里生产时，如果你不派专人在生产现场进行严格的跟踪管理，品质也是绝对得不到保证的。所以，如果你想生产价廉物美的商品，就必须派人自始至终地投身现场，做好每一个生产环节的管理。仔细想想，其实道理就这么简单。

但在当时的日本，谁都没有这么去做。即便是现在，有些人可能还会想："优衣库所说的高质量恐怕只是嘴上说说而已，售价这样低，质量能好吗？"从一般的服装流通常理来说，这种说法也许是站得住脚的，但是优衣库改变了这种所谓的常理。最有发言权的恐怕还是使用了我们商品之后的广大消费者，他们对价廉物美的优衣库商品感受最深。

但是老实说，一开始，优衣库的商品质量确实不如现在。我们从顾客调查问卷中得知，有的顾客为了不让人知道商品是从优衣库买来的，特意把优衣库的标牌剪掉。确实，刚开始的时候，真正的优衣库原创的商品并不多，后来随着店铺数量的增加，才慢慢多了起来。而将所有的商品统一到"优衣库"的品牌之下，是在 1998 年东京原宿店开张之后。尤其是摇粒绒商品的开发及销售成功，使得用低价格高品质的"优衣库"品牌统括所有商品的条件和环境成熟了起来。

为了全面提升优衣库商品的认知度，在广岛证券交易所上市后，我们马上从以下3个方面着手这项工作。

一是实施购买后3个月内无条件退货。

二是防止广告商品的断码缺货，万一出现这种情况，马上从其他店调集商品，或安排替代商品。

三是为了让顾客购物愉快，要随时保持店内的干净整洁。

当时，世界上一些优秀的零售商早已做到了这一步。但在日本，能做到这样的企业还是凤毛麟角，为此电视台还专门做了报道。我们认为对自己售出的商品负责到底是理所应当的。而且，我们还可以从顾客的退货中了解到顾客对商品的看法，这是一个听取顾客意见的好机会。为此，我们抱着非常积极的心态实施这项工作。虽然顾客退货、换货的比例高了一点，但并没有达到令我们不安的程度。相反，这也成了一个探究顾客退货原因、改善商品质量的好契机。

商品规划固然重要，但是在生产的过程当中，不管是做服装还是做其他商品，只要一个环节出现疏漏，商品就会一文不值。由于在生产管理方面，我们完全是没有经验的外行，所以在刚开始的阶段，发生了很多事情，诸如钉偏纽扣，纽扣很快就脱落，把衣服的里料当成了面料，把面料做成了里料等。即使工厂是在日本本土，也需要经常开会沟通。何况这样的事发生在外国的加工厂，真是鞭长莫及。所以，产品做坏是经常发生的事。

1995 年 10 月，我们在全国性的大报以及周刊杂志上刊登了一则广告：以 100 万日元征集对优衣库的不满。我认为，与其间接地从咨询公司那里获得消费者的反馈和不满，不如直接倾听消费者的声音。结果，征集到的消费者的意见竟多达 1 万条，几乎都涉及商品质量。

"一套 1 900 日元的运动衫，洗了一次就脱线了，洗两次胳膊下面就开裂了，今后再也不会买你们的商品了"，"T 恤衫只洗了一次，领口就松了"，等等。

老实说，在读这些反馈意见的时候，我的心情有些沮丧。但是，这些意见对我们了解公司的商品质量是非常有帮助的。我们一定要正视我们的商品进入市场后所出现的问题，不要惧怕失败，要研究，要改善。因为在一系列的失败中，孕育着下一次成功的胚芽。应该说，现在优衣库的商品质量得到了很大提高，与在卖场获得的无数次的失败经验是分不开的。直到现在，我还坚持认为，"掌控卖场"是经营的根本。

纽约设计子公司的失败

在广岛证券交易所上市后，1994 年 12 月，为了加强商品设计和信息收集，我们在美国纽约设立了一家 100% 的子公司——“印象纽约公司”。

我们想打造的生产链模式是：从纽约收集时尚信息并进行商品规划，由大阪的商品设计事务所及山口的公司总部进行新商品的具体设计，然后委托海外厂家进行加工生产。

1995 年初秋，由纽约子公司一手打造的商品全线投入市场，但是意想不到地遭遇了全军覆没的惨剧。因为市场不接受色彩不够鲜艳的单色调。后来分析原因，是因为在纽约的商品规划和大阪的商品事务所以及山口总部的担当者之间，没有经过很好的沟通。

1996 年 11 月，在东京都涩谷区又成立了一个商品设计事务所。这样，把商品规划的工作分散到了纽约、东京、大阪、山口 4 个地方。但在实际操作上，4 个地方要做到信息顺畅交换和信息共享是有困难的。我意识到，这种组织架构的尝试是行不通的，必须在东京设立商品研发的一体化机制。于是，成立了三年半的纽约子公司宣布解散。

现在回想起来，包括我自己在内，整个公司在商品规划这方面其实都是外行。但是，你不尝试就不知道这个道理。从失败中总结经验教训，运用到下一次的实践中去，为此，我们必须付出尝试的代价。而对商品规划必须与销售实现联动的重要性的认识，也是在经历了这些大的失败后才悟出来的。

收购 VM 公司的教训

1996 年 10 月，我们出资将东京一家专门从事童装规划开发销售的公司（VM 公司）85% 的股权买下，收入“优衣库”麾下。这家公司的儿童商品非常有竞争力，它是从一家名为 VJ 的公司中分离出来的，经营者也出自同一家公司。

但是，当 VM 公司获得了独自的商标权之后，与 VJ 公司之间的关系就变得微妙了。尤其在 VM 公司发表了其他新品牌即将面世的公告后，VJ 公司竟一纸诉状将 VM 公司告上了法庭，指控 VM 公司违犯了《反不正当竞争法》中的商标使用条款。

当时，VM 公司的社长和我们公司的法律顾问都认为“在法律上是没有问题的”。而现在，我们意识到收购 VM 公司是个错误。所以，面对这样的指控，我们自知胜算不大。再加上 VM 公司本身损益结构一直没有得到很好的改善，出现了连续亏损的情况。最终，在出资收购 8 个月后，除了留下商标管理的产权公司外，我们关闭了 VM 公司的所有店铺，实施了清算。

虽然 VM 公司关闭了，但当初该公司在儿童服装方面建立的品牌，为后来优衣库开拓儿童服装业务打下了很好的基础。从这个意义上来说，这次的失败为后来的成功做了铺垫。尽管 VM 公司被清算了，但我们获得了有能力的人才，而且发现了优衣库向儿童市场迈进的良机。

我们从这次的失败中意识到，优衣库自己规划的商品打着他人的牌子（我们支付品牌使用费）推向市场的运作模式，是行不通的。如当初的 CHAMPION（冠军）、REEBOK（锐步）、ELVIS PRESLEY（猫王）、BADBOY（坏男孩）等都是他人的牌子。所以，必须赶紧用“优衣库”的品牌来统一公司对外的品牌形象。应该说，这次的失败对以后的品牌创立起到了积极的作用。在失败中学习，是优衣库此后取得更大发展的宝贵经验。

SPOQLO、FAMIQLO 的失败

优衣库的服装，基本上都是人们平时穿着的休闲服装，多数与运动服装相近。即使在我们进口的服装或借用国际品牌制作的服装当中，也是运动款式销量高。

既然运动服和休闲装并无严格的区分和界定，那么，是否

可以把那些平时穿着的运动服集中起来卖呢？把运动鞋和其他体育用品放进去，开一个专卖运动休闲装的店铺，这个想法开始在我的脑海里形成。于是，我们开了一家新业态的店，取名叫“SPOQLO”。

优衣库的服装虽然不强调性别色彩，但随着女士服装和儿童服装销售业务的扩大，家庭装的服装比例也有所增加。于是，我们又开了一家专卖家庭休闲装的店铺，取名“FAMIQLO”。

经过一年左右的准备，1997 年 10 月，“SPOQLO”和“FAMIQLO”各推出了 9 家店。就在“SPOQLO”店铺开到 17 家、“FAMIQLO”店铺开到 18 家的时候，我们又做出了关闭这类店铺的决定，并把它们转换成优衣库的店铺或另外招租处理。

关闭的最大理由是因为这类商店开张以后，并没有达到预期的销售目标。失败的原因是：一方面，这类商店经营的商品与原来的优衣库商品在定位上区分不明显；另一方面，为了优先确保这些商店的商品种类和数量，有时候不得不调集优衣库的商品，反而使优衣库的店铺出现了缺货和断码的现象。这样，就出现了两头都做得半吊子的局面。从客户的立场上看，本来在一家优衣库的店铺里都能买齐的商品，现在要跑 3 家，反而变得不方便。像这一类的商业尝试，完全可以说是一种满足自我的自以为是。

从失败中重新站起来

就这样，直到 1998 年东京原宿店开张为止，这样的商业尝试连遭失败。可以说，我们的新事业大多以失败告终。但是，许多事情你不去做，就不知道是怎么回事。

我们之前做的很多事情都是主观设想得很好，经营计划也制订得很完美，但经不起实践的检验，达不到预期的经营效果。既然经历了那么多次的失败，能否认真汲取从失败中得到的经验和教训，则取决于一个人的经营态度。毫无疑问，人人都讨厌失败。但是，如果不能正视眼前的失败，或是将失败掩盖起来，企图将失败从记忆中抹去，那只会重蹈覆辙。

我认为，失败固然是一道伤口，但也蕴藏着下一步成功的希望胚芽。所以说，即使失败了，我们从失败中汲取教训，及时修正我们的错误就行了，不用天天将失败挂在心上。当然，前提是不能出现会给公司带来生存危机的重大失败。所以说，实践中遇到失败，总比纸上谈兵好。从失败中学到的经验是我们人生的宝贵财富。

关键的问题是，当你已经做出了“失败”的判断时，你能否及时抽身。既然已经知道这项尝试一定会带来损失，及时止损应该是最明智的决策。你必须在短时间内果断止损，想好善后事宜的处理方案，做好人员的安排。反之，犹豫不决、拖延时间只会扩大损失。我通过这些失败学到的宝贵经验是，要在第一时间止损，以求快速痊愈，这比什么都重要。

人才力量的加强

人才是经营资源中最宝贵的资源。自从在广岛证券交易所上市后，我们在招募人才方面比以前要容易多了。1997 年 4 月在东京证券交易所二部上市以后，到当年的 11 月，优衣库的直营店已经达到 300 多家。当时，没有想到那么多人会放弃原来大公司的工作，加入我们的队伍。可能对他们而言，我们为适应公司快速发展而建立起来的实力主义评价制度，与业绩挂钩的工资体系等一整套完善的人力资源管理制度，以及公司的发展前景，比那些大公司更有吸引力。

跳槽到我们公司来的员工来自商社、工厂、咨询业、IT 业、服务业等各个领域，对此我表示极大的欢迎。因为我希望公司的员工能够来自各个行业，对优衣库抱有新鲜感和好奇心，会经常问“为什么”，会对一件事刨根问底，而不是停留在惯常的思维模式上。如果员工来自同一个行业，那么他们就会凭经验做事，对一切都习以为常，也就难以发现问题。改革的真谛就是要否定现状。我们需要的是对问题有独立思考能力和判断能力的员工。换言之，我们需要的不是“来干活”的人，而是具备经营潜力的人。

经常有人说，企业的规模和品质，是由企业领导人的素质决定的。我并不认为自己是一个十分聪明的人。企业领导人如果不能正确对待自己，企业就不能得到很好的发展。有人可能会认为我这样评价自己有问题，否则公司怎么会发展到今天呢。但我总希望能够吸引比我更聪明的人来加入我们的事业。

在人才招聘方面，我们也曾尝过失败的滋味。曾经有一段时间，我们在报纸上刊登招聘广告，然而效果并不尽如人意。最糟糕的是，报纸上刊登出“诚聘社长、董事”等人才的广告后，前来报名的人却是我们最不想要的人，因为他们误以为优衣库的社长、董事是一份安逸的工作，所以来的都是一些只想当“官”，寻找安乐窝，又很自以为是的人。而我们真正需要的是对工作有一股闯劲，办事利落的人。不过，这样的招聘广告虽然没有达到预期效果，但从另一个方面来看，却起到了很好的宣传作用，让大家知道，优衣库在广泛诚挚地聘请能够成为经营者的人才。

现在优衣库的董事、执行董事，半数以上是通过熟人推荐，或是由公司内部的同事介绍过来的。如：1997 年 5 月进公司的泽田（第二年 11 月担任董事、副社长，2002 年 5 月离职），1998 年 9 月进入公司的堂前（现常务董事），同年 10 月进入公司的森田（现常务董事），等等。曾经担任公司社长的玉冢，是 1998 年 12 月进入公司的，原来在 IBM（国际商业机器公司）工作，他在访问优衣库时与我们结下了缘分。优衣库的人才不胜枚举，都比我有头脑，能力也非常强。尤其在执行董事这一层面，都是非常优秀的人才。

从创业期步入快速发展期，整个公司靠我一个人的决策还勉强可以应付。但当公司要想成为世界著名企业，规模也越来越大的时候，一个人就显得力不从心了。于是我想到，我们必须建立起一支由专家型经营者组成的团队。

在公司的初创时期，我们也吸引了一些人才加入。因为当初公司还属于一家中小企业，吸引到的人才毕竟有限，选拔起来也比较困难。随着公司的发展壮大，公司经营目标和方针的明确，我们开始有目的地选拔一些与公司的企业文化和经营理念相吻合的人才。当然最理想的是那些从创业时期一起奋斗过来的董事和员工，他们中有些人能够跟着企业共同成长，但也有一些人跟不上前进的步伐。

毋庸置疑，1 亿日元的销售规模和 10 亿日元的销售规模，以及 100 亿日元的销售规模，对于一家公司来说，其经营要求是完全不一样的。在公司销售额超过 1 000 亿日元的时候，我对以前一起打拼江山的干部和员工说："我们的目标是继续向上，希望大家继续献计献策。"我发现讲完这句话后，怎么都有一种逼迫他们再努力的感觉。浦先生和岩村就是想尽早离开经营第一线的人，于是我把他们提到了"监察董事"的位子上。说实在的，平时看他们那么努力辛苦地工作，有时真是感到于心不忍，这下他们总算可以松一口气了。

一直担任公司专务董事的菅先生，一直是我的左膀右臂，他于 1998 年 11 月离开了公司。身体不好是他离职的一个原因，另一个原因是他夹在激进地追求更高目标的我和自己的部下之间，又不得不替我做许多沟通的工作，实在是很不好受。有时想想，像我这样发号施令是很容易的，但是下面执行的人真是非常辛苦，他们为公司做了很多的贡献。

公司在东京证券交易所上市后，有一部分老员工逐渐离开了公司。因为他们在公司上市之前都持有公司的股份，后来公司股价飙升，使得他们有了幸福退休的机会。

从创业开始，我一直在追求终极目标。确定了目标后，如何执行就成了关键。对我来说，这个目标最终能否实现并不重要，重要的是，有了更高的目标，我才会永不松懈地去努力。如果目标很低，人就不会很努力了。在公司的核心管理层里，从理论上认同我的目标，但实际上没有切身感受、心存怀疑者不乏其人。马上想摩拳擦掌，跃跃欲试追赶目标的人也有之。但不管怎样，为了一个很高的目标，他们都在拼命努力，好在这样的拼命努力结出了硕果。在此过程中，不断有优秀人才加入到我们的事业中来。在此，谨向他们表示深深的感谢。

一般来说，一家处在发展中的企业，必然会在不同时期吸引到这个时期所需要的特定人才。有些经营者总是抱怨说找不到好的人才，我想，这种抱怨是不太正常的。也许是他们没有认真去找，还有就是这家企业一定存在着除人才不足之外的其他问题。

被宣传

没有人才，找不到好的人才，或者说公司还没有足够的实力纳入这些人才的时候，有些业务只能做外包，请外部的专业人士帮忙完成。如优衣库的广告宣传，一开始是想在某一个区域产生影响力，到后来希望广告的影响力扩展到整个日本。在这个变化的过程中，不断会有合适的广告公司的专业人士帮着我们策划、打理。

在优衣库一号店开张的时候，我就已经意识到广告宣传的重要性。若想到一个陌生的地区去做生意，如果不做广告，客人是不会知道的，也就不会上门来，这是大家都知道的商业常识。所以，即便是已经有了一定的知名度，我们每次开店时仍然需要广而告之。

优衣库一开始是委托一家名为“西部读联”的广告代理店来做的。现在已成为优衣库公司员工的江口先生，当初是“西部读联”山口分店的店长，和我同岁。他得知我想在不久的将来把公司做大的想法后，就经常和我一起探讨“如何做报纸的夹页广告”“如何做报纸广告”等问题。他那时虽然是广告公司的人，但真的很为客户着想，做事非常卖力。后来，他进了我们的公司，还是非常努力地工作。

我们有时会自己想广告词，有时也委托专业的广告文案撰稿人编写。新店开张时的顾客问卷调查工作，在很长一段时间里也都是外包的。

从优衣库一号店（位于广岛市）开店开始，我们就在广播和电视上做广告。也是从那个时候起，我切身感受到了优衣库广告的传播效果和影响力。当时在我们的心目中，广岛是一座大城市，因此我们第一次正式地在电视和报纸上投放广告。我到现在还记得，当初我们在设计广告时，拼命考虑必须有别于其他企业的广告，否则难以给人们留下深刻的印象。为此，我们绞尽脑汁，满怀成功的期待狠下功夫。

从广告冲击力的角度来说，优衣库在关东地区开店时推出的几次广告给观众们留下了深刻的印象，优衣库的形象宣传效果相当好。1994 年秋季推出的一个广告，场景是这样的：一个关西的家庭主妇在优衣库的收银机前，一边说“这件衣服我不喜欢，给我换一件”，一边把穿在身上的衣服当场脱了下来。

这段电视广告是我们委托电通公司负责制作 KINCHO（金鸟，日本除虫品牌）和富士通广告的团队做的。公司内部在看样片时，员工们的意见分成了两大阵营。“这个是绝对不能播放的”，这一意见占了上风；“这样播放是非常危险的”，强硬派的意见也有。但当初也没有其他方案可供选择。我心里是认同这个创意的，觉得是一个非常了不起的创意，但我当场没有表态。我也看出了当时已经加入公司、负责公司广告宣传业务的江口先生非常为难。由于当场没法形成统一意见，而原先定下的播出时间又迫在眉睫，我就决定先播了再说。没想到，播出后反响非常大，还引发了一场轩然大波。

电视台特意安排在专题节目和娱乐节目中插播这段广告。反应最激烈的是那些中年妇女，她们投诉说，就好像是看到了自己的影子，非常不舒服，吃饭时看到这段广告简直想呕吐。女性人权保护团体也向我们提出了抗议。原定播放期是 9 月到

12 月，结果，播到 11 月就只好停止了。原先准备了 6 个家庭主妇的广告版本，但是有些版本还没来得及播出。从广而告之的角度，从提高企业知名度的意义上来说，这一电视广告的推出取得了很大的成功。但负面影响也是存在的，尤其是没有马上对销售起到促进作用。

摇粒绒的电视广告

要说对销售直接产生促进作用的电视广告，要数 1999 年初冬播出的摇粒绒衫电视广告。这一广告的成功，主要是因为遇到了三崎正义先生，还有美国威登·肯尼迪公司的创意总监约翰·杰伊先生。

约翰·杰伊先生原来是纽约百货商店 Bloomingdale’s 的广告宣传部长，后来应威登公司的聘请加入该公司，负责耐克公司的广告片制作。耐克的广告片因其强烈的冲击力而广受赞誉。

委托日本本土的广告代理设计广告，总觉得他们很难跳出日本式的思维模式，很难出现真正意义上的优秀的广告片作品。为了能够把我们对商品品质的诉求有效地传递给广大的消费者，我想我们应该委托外国的广告公司，聘用外国人来制作这一广告。

于是，通过一家咨询机构的介绍，我和杰伊先生见了面。说来也凑巧，当时，威登公司正好在日本建立了分公司，杰伊受命担任了日本分公司的社长，刚到任不久。1998 年 11 月，他来到我们刚开张的东京原宿店视察。

在与他交谈的过程中，我感觉到，他能理解我们的想法，知道我们想要什么，能告诉我们什么才是应该向广大消费者宣传的。之后，我到美国俄勒冈州的威登公司总部拜访，将广告制作的业务正式委托给了他们，并邀请他们的丹 · 威登社长和约翰 · 杰伊先生一起来参加我们在 1999 年 10 月召开的“优衣库 2000 年春季商品展示会暨迅销公司事业战略发布会”。在会上，我把他们作为我们优衣库的合作伙伴，介绍给了近 200 名日本媒体记者。

约翰 · 杰伊先生出身于百货公司的宣传部门，对时装产业和零售业非常精通。而一般的广告创意人员，多数对客户公司的业务情况不太了解，这就会产生许多问题。在约翰 · 杰伊先生看来，现在日本的电视广告片完全不行，只知道说自己想说的事情。在表现手段和表现方式上，过度使用夸张的声音、怪异的表情，一味追求新奇感，没有表现出对视听者的尊重和敬意，客户希望传递给消费者的信息没有得到有效的传播。我觉得约翰 · 杰伊先生的批评很尖锐，完全是一语中的。

优衣库的广告要表现出对视听者的敬意，不能把自己的意志强加给电视观众，要让观众根据各自的心智对广告内容进行判断。也就是说，不是单方面的信息传递，而是要让观众在看了广告之后自我感悟。我们要制作的广告就要达到这样的效果。约翰·杰伊先生真不愧是老资格的广告人，对广告本质的理解如此透彻。

日本的杂志铺天盖地，又有多少是表现出了对读者的尊重呢？在那些编辑的操作下，商业主义倾向公开蔓延，能够尊重读者的杂志几乎是凤毛麟角。如果真的是想对读者负责的话，就不应该图一时之快，靠抓眼球来愚弄读者，而应该重视写手水平和杂志质量的提高，这才是传播信息的一方所应该负起的责任。

我们做休闲服也是同样的道理。一丝不苟地做好每一件衣服，并尽可能地以最低的价格提供给消费者，这是我们的责任。而努力提高质量就是我们向消费者表达敬意和尊重的具体表现。

如果广告没有实质内容的话，那做广告本身就是一种浪费。如果广告内容丰富充实，那它就会成为促销的一大卖点，同时会收到事半功倍的宣传效果。因此，广告的实质性内容就好比一架飞机的涡轮式发动机，没有它，飞机是飞不起来的。

现代人的生活被各种信息左右。所以，好的商品如果只是静悄悄地放在那里，是根本卖不出去的。这个商品好在哪里，好到什么程度，是什么价格，在哪里售卖，从何时开始销售，诸如此类的信息都必须准确无误地告知消费者。我最近读到一篇报道，说是与20多年前优衣库一号店开张时相比，现在这个世界的信息量已经扩大了400倍。的确如此，无论是电视、报纸、电台还是网络、杂志，每天都在发布大量的信息。正因为如此，在这个信息泛滥的时代，我们必须传播货真价实的信息。

关于摇粒绒衫的电视广告片，我将会在第三章详细描述。通过与约翰·杰伊先生的这个团队合作，我们后来又制作了几个广告片。但是后来由于不得已的原因，约翰·杰伊先生不能再与我们一起继续工作了，由同一个团队的艺术指导田中纪之先生接任。直到现在，田中先生还在担任我们的创意总监。

有一段题外话，说起来有一些不可思议的因缘。

2002年，我们设立了优衣库设计研究室。当时担任室长的多田裕，先前是纽约、巴黎、伦敦的三宅一生时装公司的社长，在其创业初期，曾在纽约的Bloomingdale’s百货公司推销过三宅一生的品牌时装。那个时候他曾见过约翰·杰伊先生。听到这件事，我忍不住感叹：这个世界真是太小了。

“匠工程”

现在，让我们回到“实质性”的话题上来，那就是如何提升商品的质量。

大多数人可能会这样认为，服装无外乎两类：一类是品牌服装，“价格高但质量好”；另一类是非品牌服装，“价格低质量也差”。而我们偏要打破这一世俗的既定概念，要生产出“价廉物美”的服装。我在前面已经提到，为了制作“既便宜又好”的服装，我们公司从商品规划、生产、物流配送、销售等各个环节实现全程监控，讲求效益，消除浪费，站在消费者的角度，生产出价格和质量都能让人满意的服装。

在商品定位上，与那些流行时装或个性化很强的款式服装相比，我们更注重日常生活中穿着舒适、男女老少皆宜、做工讲究的生活装。我们认为这样的商品定位符合大多数消费者的需求。那些认为带活动衣领的T恤是年轻人的专利，无花色的毛衣是老年人专属的想法，本身就是错误的。休闲服的市场真的很大。在这一巨大的市场需求中，要制作出让广大消费者满意的商品，靠一般的努力显然是不够的。

在这样的思想指导下，优衣库为了提高商品的质量，尝试了各种各样的探索，并启动了至今还在继续的“匠工程”。

刚开始时，我们常常说，商品是我们自己生产的。但事实上是委托中国的工厂生产，我们只是出差来回奔波而已。但是，要想真正踏进生产管理环节，这种出差式的管理方式显然是不行的。1999 年 4 月和 9 月，我们分别在上海和广州成立了生产管理事务所，并委派管理人员常驻。

要想按照日本的品质标准组织生产，就必须采用与日本相同的生产方式，必须提高生产技术。那么，到哪里去找这些能够从事生产指导的技术人员呢？我发现，因为日本纤维产业的衰落，那些上了一定年纪的熟练技术工人，渐渐失去了可以发挥作用的场所。于是我就拜托他们到中国进行技术指导，想不到他们竟然兴致很高，纷纷毛遂自荐。对于这些匠师们来说，他们终于有了用武之地。而对中国的工厂来说，则获得了一个提高生产技术的好机会。不久后，匠师们的努力终于结出了硕果，产品的质量得到了明显的提高。

事实上，让这些拥有技术绝活的人重新发挥作用的做法，并非我们公司的首创。以前的做法通常是，商社把他们派到自己参股的工厂里，作为熟练技术工使用。但是，这种做法只是保证了商社单方面的利益，对工厂的发展和技术水平的提高并没有带来积极的影响。

我认为，重要的是要让那些想把自己的技术传授给别人的人，到一个需要这些技术的地方去，让志同道合的人们“一起工作”。因为这些人的志向，不仅是想做出好产品，还想做出比日本更好的产品。

2001 年，为了拓展中国的事业，我们与当地企业合作，成立了“迅销”中国子公司。担任该子公司总代表的是林先生。他于第二年的 11 月被提升为总公司的董事。林先生是从中国来日本念书的留学生，大学毕业后进入我们公司工作，负责过店铺作业，还当过店长。具有同样经历和经验的还有好几个人，我让他们回到中国，支撑起这个“匠工程”。他们理解公司的企业文化和经营理念，又能够和当地人用中文进行沟通。其中有些人掌握着缝制、染色等技术，有些人能够负责生产管理。正因为有他们的努力，优衣库才能够在这么短的时间内将其在中国的事业纳入正常轨道。

在中国，由 30~45 岁的人所经营的工厂生产出来的产品质量特别优秀。那是因为经营者本人的成长欲望特别强烈，工作充满激情。而且，他们在工作中还能把这种激情传递给每一个员工。

在人工费居高不下的日本，纺织服装业，尤其像缝制这种劳动密集型的产业，根本没有生存空间。劳动者面临自身难保的困境。如果还想让纺织服装业在日本继续生存下去的话，就必须将缝制这类劳动密集型产业转移到适合它生存的国家和地区，反之，则很难存续。

让“手脚”学会做“头脑”

假定有一位优秀的独裁型经营者，为了提高销售额和利润，准备扩大经营规模，你觉得他会怎么做？他会去招一些人充当自己的手脚，让这些手脚按照他的意志去执行。

从企业成长的过程来看，有一个阶段可能必须要这样做。但是经营者必须明白一个道理：“手脚”不会一直满足于只做“手脚”。我认为，时间长了，这些人会对自己一直从事一份不能发挥主观能动性的工作产生厌恶。换成我，也会非常讨厌。

不管是多么优秀的经营者，哪怕是一家小公司的老板，所有的业务都由他一个人完美地完成，是不可能的。各种业务、各个部门的“手脚”们在做好自己本职工作的同时，还必须同时学会做“头脑”。否则，工作就难以顺利开展，更别说取得完美的结果了。

大企业的经营是靠组织系统来运作的。在组织系统的各个层面，所有的部下都听从上司的指挥。一开始你可能只是一个“手脚”，但你在工作的实践中不断成长，就有机会上升到“头脑”。也许对于那些故步自封、不求上进的人来说，当不当“头脑”无所谓，但是，你必须明白一点，只想做“手脚”的人总有一天会被公司抛弃。

其实，有一段时间我曾想过，只想做“手脚”的人也是必要的。这样，什么事情都让我一个人来思考，可以速断速决，尽早做出决定。为了在竞争中赢得胜利，让企业迅速发展，我觉得这样做也是合理的。

到了1991年9月以后，我意识到，如果公司一年开不出30家店铺，就有可能面临倒闭的危险。于是，我们请了一家专门从事员工培训的咨询公司来做培训。在此之前，我们一直没有做过正式的员工培训。当那位老师面对公司总部的员工说：“比起老板一个人的独断专行来，每一个员工积极开动脑筋，并付诸行动更为重要，不能上司说什么就做什么。”在现场听了这话，我是很不以为然的：“这话说得不太对吧。”

一旦决定做，就要马上付诸行动，否则企业就会倒闭。在这种决定企业生死存亡的时刻，没有充裕的时间让你从下至上反复考虑。那位老师说的道理，是在企业进入相对稳定发展期时才可能有效。但是对一家企业来说，需要的是与每个阶段相适应的培训。20世纪90年代初的优衣库，如果让每一个员工都独立思考，那就会迷失前进的道路和方向。相反，如果没有独断行事的体制，我们就不可能一次次地突破难关，向更高的目标进军。

经过了这样一个发展时期，看着公司的规模一点点扩大，我也看到，公司再这样下去就会遇到发展的瓶颈，该是改变独断专行经营体制的时候了。

跨越 1 000 亿日元的壁垒

1994 年 7 月，公司在广岛证券交易所上市后，资金上的压力舒缓了很多，我们总算从生死存亡、决一死战的状况中解脱了出来。但是因为确定了优衣库要走向世界迎接挑战的发展目标，所以，我们不能放慢开店的速度。在 1995 年 8 月的年度决算期，公司的销售总额为 487 亿日元，税前利润为 45.3 亿日元，店铺总数为 176 家。到了 1996 年 8 月的年度决算期，销售额增加到 600 亿日元，但税前利润只有 45.7 亿日元，比上年同期只增加了 4 000 万日元。现存店的平均销售总额还比上一年度下降了 7 个百分点，库存量增大。那时店铺总数为 229 家。

这一迹象表明，公司的销售规模扩大了，但利润增长却开始停滞不前。在那之后，新店也开了不少，销售规模继续增大，但利润增长钝化严重。在此期间，我们还经历了纽约公司设计的商品的经销失败，“SPOQLO”和“FAMIQLO”两类店铺的经营失败等一连串的打击。直到 1997 年 11 月前后，公司的直营店超过 300 家的时候，我才突然发现，自己很少能够见到在店铺里工作的员工们的身影，看不到员工的身影也就意味着看不到顾客。虽说那个时候有许多业务的处理已经可以通过电子邮件和员工们沟通，但是看不到卖场的情况，对经营者来说是一个致命伤。果然如我所料，公司已经面临计销售额跨越 1 000 亿日元大关的壁垒了。

站在一个顾客的角度来看，公司当时不来一次从零开始的彻底改革恐怕是不行了，而且宜早不宜迟。所以，从 1998 年 6 月开始，我们推行了 ALL BETTER CHANGE（简称为“ABC 行动”）的改革运动。用英语字母的 ABC，寓意着一切改革都从基础开始，而且改革的效果也尽可能早地体现出来。这个 ABC 改革在 1998 年 10 月的摇粒绒衫销售活动和 11 月的原宿店开张中彰显成效，为这些活动的成功助了一臂之力。很快，在 1999 年 8 月的决算期中，优衣库的年度销售额突破了 1 000 亿日元的大关，实现了 1 110 亿日元的销售业绩，税前利润达到 141 亿日元，门店数增加到 368 家。ABC 改革一直持续了两年多。现在我们公司还处在改革的状态中，或者说，改革永远在进行中，我们还没有见到最终的成果。

ABC 改革归纳起来有以下几个要点：

1. FR（迅销）体制的革新。不是想办法把做好的商品卖出去，而是迅速地锁定畅销产品，并以最快的速度组织开发和生产。

2. 把市场营销和商品开发计划联动起来，把所有的力量都集中到一起，在商场里完美生动地表现出商品“畅销的理由”。

3. 从最初的商品规划到终端的商品销售，都要彻底贯彻门店对应、SKU 管理（按颜色和尺寸区分进行的商品管理），杜绝浪费和无用功。

ABC 改革的具体措施，归纳起来也有以下几点：

1. 对中国的服装加工厂进行一次清理，提高生产的集中度。把原本 140 家的加工厂缩减到 40 家，同时增加每个厂家的生产量，从而提高面料和缝制的质量。这也为以后实行供给连锁管理打下了基础。

2. 把经营管理权移交专业经营团队。随着公司的不断壮大，原来由我一人说了算的经营体制已经不行了，必须通过一个专业的经营团队来对公司的经营进行决策管理。

于是，我招聘了一大批头脑比我好的人，他们和我这种喜欢当场拍板的人的思维方式不一样。我意识到，必须允许各种思想交锋，最终形成合理的意见，只有这样，公司才能不断更上一层楼。

3. 店铺运营思想的大转变。门店连锁经营展开初期，总部主导型（中央集权）是可行的，但当门店发展到一定规模，依然沿用原先模式的话，门店可能因为要等总部的决策而错过了最佳销售机会。为了提高决策效率，减少机会损失，我们决定从尊重门店的自主性出发，建立起门店“自力和自律”的运营机制，并建立了“超级明星店长”的店长示范制度。

4. 建立全新的销售模式。从零开始，重新检验新商店、新商场、新商品。

5. 将设计事务所全部集中到东京原宿的一个事务所里面。

6. 建立起一整套与绩效挂钩的薪酬体系。

7. 与杂志社展开紧密合作，加大在车站和地铁轻轨列车内的广告投放力度，开展多种形式的广告宣传活动。

8. 确立每周一次的例会制度。

这次改革，是站在顾客的角度，以把店铺改造成为顾客心目中亲近的场所为目的。应该说，运营思想的转变，确实给店铺的面貌带来了极大的变化。

多店铺展开，或者说在连锁门店的拓展初期，往往是把着力点放在了如何以低成本来增加标准门店的数量上。我们到任何一家店，都要看到同样的商品、同样的价格、同样的布置、同样的服务。也就是说，总部是所有门店的“头脑”，门店只是“手脚”，门店只要按照总部制定的操作手册执行就行。这就是我们理想中的标准门店。新开店也一样，就好比是制作“金太郎糖果”（一种日本传统手工糖），简单复制。而这次的 ABC 改革，希望能对这种运营模式做一个彻底的颠覆。也许对门店来说，原来一切都是依赖总部，现在必须自己开动脑筋做决策。虽然增加了工做难度，但是，如果不进行这样的改革尝试，就不能打破现状。我们要让处于经营第一线，与顾客直接接触的门店变得强大，而不是让总部强大。

各家门店，由于所处的地理位置和当地风俗习惯的不同，会带来销售的时间节点、畅销商品等方面的差异。我们因此要求各家门店应该根据实际情况，对店铺的布局、商品的陈列等做个性化的调整。对店里的正式员工和小时工，根据“人时（总人数 × 工作时间）”做最为合理的安排配置。各家门店被授予一定的权限，对如何保持合理库存的订货量，如何对商品进行演示陈列，如何让商品卖得更好等方面进行自主裁决，并将业绩与工资挂钩。做得好的店长，将被授予“超级明星店长”的称号，成为所有店长的学习榜样。店铺的改革就这样开始了。

门店的员工们把自己在卖场发现、想到的合理化建议不断地传到公司总部，“商品如果能这样做会卖得更好，那样做的话会卖得不好”，等等。我想，连员工们都留心到了这些问题，那么顾客们感受到的问题可能更多。所以我们要求员工在发现问题后及时改正。这些来自经营第一线的意见与提高店铺运营质量和销售业绩紧密相连。通过这样的提意见活动，让所有的门店都变成了“头脑”。员工们不是被动地卖商品，而是通过商品这个载体，提高了自己对商品和服务的敏感度，使自己能站在顾客的角度，完成让顾客满意的销售行为。我在想，如果这一点能够完美实现的话，那么计算机管理系统就能和人脑联动，变成“活的系统”。

可以畅所欲言的氛围

公司一周要开好几次会，每周的周一、周二要开几个专题会议。在会上，如果有人从头至尾没有发过言，我就会说：“如果不发言，下次就不用参加会议了。”

会议，如字面意思，就是要大家聚在一起讨论并最终做出决议。所以，会议是需要大家踊跃发言的。而且，会议并不拘泥于场所，无论何时何地，都可以召集，有问题立即决议，并立即执行。如果大家不能随机应变地发表自己的意见，那会导致公司决策的滞后，对公司而言是非常致命的问题。

我在想，最好的公司应该是“不把社长的话当圣旨”。社长所说的“一切”都被认真执行的话，这个公司一定会倒闭的。

看上去好像是在很认真地听社长的话，这种表面文章其实要不得。作为一名员工，应该先把社长讲话的实质内容理解透，然后融会贯通，形成自己的想法并付诸实施。我觉得，能够做到这一点的公司基本上都能成为了不起的公司。

重视表面文章，或者是拘泥于形式的大公司，但凡下属不动脑筋，社长说什么就照做什么，这种拍马屁成风的公司很少能取得成功。公司内部必须建立起谁都可以自由发表意见、畅所欲言的氛围。

我也曾经有过在会上自以为是、滔滔不绝的时候。后来我突然发现，多和不同行业、不同个性的人进行讨论，例如“如何做对公司更有利”“如何确定课题讨论的优先顺序”等，会听到和我完全不同的意见和提议，会促使我重新考虑原先的观点。

像我这样惯于现场拍板的人，因为没有好好学过方法论，因此在如何把自己的想法恰当地告诉对方、如何抓住问题的重点进行归纳提炼等方面存在着欠缺。而公司里有些人在这方面是非常擅长的。对经营者来说，考虑公司发展的战略、战术，指明公司的发展方向，固然非常重要，但是，如果能把自己的想法清晰地告诉公司的干部和员工，让他们理解我的真实想法，在“知其然，更知其所以然”的情况下进行工作，对推进整个事业的发展应该是非常有利的。由于我平时说话习惯言简意赅，口吻往往是命令式的，如：“顾客想都不想就会伸手买东西的商场”“简单明快的商场”尽快建立，“要实现 HELP YOURSELF（自我帮助）”，等等。虽然我的心情传递给了干部和员工，但是告诉他们的往往只是一个框架。如何实现这些构想，是需要和这些伙伴们一起去思考和探究的。

每年公布的大学生就业的行业选择排行榜中，零售业总是被排在后面。因为在人们的观念里，零售业是一个传统产业，往往被归类在劳动密集型产业里，所以不太受欢迎。像我们公司这种提倡“年轻时就体验一下做经营者”的企业几乎是没有的。

人们对传统零售业的印象是：论资排辈，等级森严，等到差不多筋疲力尽时，才好不容易爬到店长的位置，然后一直拼命到能量耗尽，人生终结为止。和其他行业相比，零售业更崇尚现场主义。现场主义尽管有好的一面，但不好的一面是师徒制度横行。你必须跟在师傅后面亦步亦趋，也不知道什么时候才能熬出头。说到底，就是思想观念非常保守。

而我们公司截然相反。我们要营造的环境，就是要让那些精力充沛的年轻人能够最大限度地发挥自己的能量，让那些具有经营能力的年轻人不断地加入到我们的队伍中来，成为我们经营者的伙伴。公司的快速发展，最终可能还是会回到集体领导的经营体制上来，但我坚信，我们努力的目标不会有错。

人都是为了理想和目标聚集在一起的。既然我渴望有才之士能加入我们公司，那么我就必须让他们知道我求贤若渴。幸好，信息社会的进步，让我能够把公司锐意改革的信息，把公司广求人才的诚意传播出去。结果是，公司所需的各方面人才聚集到了他们能够一展宏图的地方。

我们的改革，使得公司与员工的关系变成了略带有紧张感的对等关系，在日本社会成了一家革新派的零售企业。我们试图从根本上改变日本社会沿袭至今的公司与个人之间雇用与被雇用的关系，实现“公司发展”和“个人幸福”的双赢目标。为了实现这个目标，我们每天都在坚持不懈地迈着改革的步伐前进。

第三章

企业转型

• 2000 年秋冬，51 种色彩的摇粒绒衫集中推向市场，销售目标是 1 200 万件，实际售出了 2 600 万件，成为优衣库迄今为止最热销的商品。

• 广告宣传，要么是零分，要么是 100 分，没有中间数值。

• 那些曾在流行浪潮中抢购优衣库摇粒绒衫的人，那些在买了摇粒绒衫的同时，又买了优衣库其他商品的人，那些因为买了优衣库服装，结果到处撞衫而觉得不爽的人，渐渐地远离了优衣库。

• 要分析日本企业为什么会钻进一条经济低迷的黑暗隧道而徘徊不前，我觉得，企业对于社会贡献和社会责任的意识淡薄，是其中一个肉眼不易看清的重要原因。

在原宿开店

在公司规模还很小的时候，我就怀有一个梦想，要让优衣库成长为能与美国的 LIMITED 和 GAP、英国的 NEXT 相媲美的公司，成为日本时装连锁企业或 SPA（自有品牌服装生产零售商）的代表。

莱斯利 · 威库斯纳董事长率领的 LIMITED 公司，从 20 世纪 80 年代中期进入快速发展期，在很短的时间内实现了销售额 1 万亿日元的目标。GAP 也在牛仔裤和短长裤领域取得了很大的成功，销售呈现出爆发式增长，很快成为一大世界品牌。NEXT 也在这一时期，仅仅用了 8 年时间，便使销售规模从 20 亿日元猛增到 2 000 亿日元，创下了一个商业奇迹。我觉得，类似的奇迹也应该在日本发生。

但是，要让企业发展到那样的规模，必须树立自主品牌形象，必须做与其他企业不一样的事情，必须实现生产销售的差别化。

说起来很偶然，银行给我们介绍了一处在东京都原宿的商铺。而在此之前，我们在关东地区的开店区域，一直是在16号环状国道线的外侧。当时，优衣库作为一家店铺遍及全国的休闲服专业经销商，其销售规模已经是全日本第一。但是在东京这样的大都市，却完全没有名气。那时我就想，如果优衣库要在东京市中心开一家店的话，原宿应该是最好的地方。泡沫经济崩溃后，那里的租金已经便宜了许多，同行的店铺也撤了不少。几重利好使我敏锐地感觉到，这是一个绝好的开店机会。

在优衣库一号店开店之前的20世纪80年代，原宿曾经是日本的时尚中心，商铺非常紧俏。当初，优衣库的员工也想在原宿找商铺，但其租金实在是高得离谱，令我们不敢出手。正因为有过这样苦涩的经历，所以这次有机会可以在原宿开店，让我们如愿以偿，真是令人感到欢欣鼓舞。但是，要在服装店鳞次栉比的竞争环境中胜出，我们一定要有独到的商品。只有从商品入手，寻求商品的某一个聚焦点，集中诉求，才有可能吸引消费者的眼球。

原宿店开店活动主打的广告语是“优衣库的摇粒绒衫，1 900日元”。广告张贴在原宿车站和涩谷车站，还有地铁轻轨的列车车厢里。所有的广告宣传品都集中强调了这一句话。1998年11月28日，在优衣库原宿店开张那天，总共三层的商场，在一层全部堆放了摇粒绒衫。我们的预期得到了完美的回报。顾客们排起了长队，正如时装杂志和电视台报道的那样：“卖疯了！”

回顾这次开店活动成功的经验，我认为主要有三点：一是对某个商品进行集中诉求，聚焦点突出；二是优质的主打商品以1 900日元的低价出售，价格策略讨巧；三是广告宣传具有新鲜感，与众不同。这三个要素融为一体，才让我们取得如此的成功。再加上秋冬季正好也适合摇粒绒衫的销售，所以我们运气很好。另外，顾客虽然是冲着摇粒绒衫而来，但也顺便买了一些其他商品回去，产生的连带效果十分惊人，从而提升了店铺的整体销售额。

以前，人们对优衣库的评价或印象总是“便宜没好货”，但这次买了摇粒绒衫，实际穿了以后，评论的风向开始转变了：“东西便宜，但质量还真不错！”

我们的商业模式并没有什么改变，但以原宿店开张作为一个分水岭，顾客对优衣库的认知度和评价发生了巨大的变化，

“优衣库”的品牌一下子在东京，甚至全日本打响了。多年来，我们孜孜不倦地追求高品质的努力，甚至商品规划、生产、物流各个环节中所下的功夫，终于得到了良好的回报，结出了丰硕的成果。

摇粒绒这个面料以前就有，但并不是用来制作大众化商品的。在登山服和滑雪衫的专卖店里，一件摇粒绒衫要卖到 1 万日元以上，属于价位很高的商品。

在原宿店开店之前，我们也曾卖过摇粒绒衫。但在 1997 年之前，一年也就卖掉 80 万件左右。我一直认为这个面料的商品具有很大的市场发展潜力。因此趁原宿店开张之际，我们尝试着把开店战略锁定在主打这一商品上。结果，在原宿店开张时的 1998 年秋冬，我们卖出了 200 万件。在电视台播出广告后的 1999 年秋冬，我们预期销量为 600 万件，结果卖出了 850 万件。2000 年秋冬，51 种色彩的摇粒绒衫集中推向市场，销售目标是 1 200 万件，实际售出了 2 600 万件，成为优衣库迄今为止最热销的商品。

摇粒绒面料

在美国，有一家名叫 Malden Mills 的专做摇粒绒面料的公司，这家公司生产的 Polartec（抓绒面料的一种）摇粒绒被誉为世界第一。因生产摇粒绒成衣而闻名的 Patagonia（巴塔哥尼亚，世界顶级户外奢侈品牌）公司也使用这家公司的摇粒绒面料。在原宿店开店之前，我们采用的方法是，自己规划商品，然后向他们订货，主要款式是两种，售价分别为 5 900 日元和 4 900 日元。当时，优衣库是日本最大的 Polartec 摇粒绒进口商。

但是，我不满足于仅做这些。我的理想是要做成和 Polartec 摇粒绒一样，甚至比它更好的商品，我要把价格便宜但质量很好的摇粒绒衫送到消费者手中。优衣库至高无上的课题永远是：如何通过公司上下的努力，追求低价格、高品质商品的极限。为了实现这一想法，优衣库的生产管理担当者和中国加工企业的经营者开始着手共同研究这个课题。一开始生产出来的商品，在光泽、保温性和保湿性方面比 Polartec 摇粒绒差很多。经过不断的改良，最终形成了这样一个生产流程：从日本东丽公司买原料，在印度尼西亚纺成丝，然后在中国进行纺织、染色和缝制。这个流程大大提高了商品的质量，也提高了商品的性价比。通过数百万件摇粒绒衫的大批量生产，使“低价格、高品质”的目标得以实现。

摇粒绒衫的色彩也应该有所突破。把几十种颜色的摇粒绒衫一起推向市场，一直是我们的梦想。长期以来，摇粒绒衫作为户外专用的服装，大多局限在红色、海蓝色等几种颜色上。而我们现在是要把摇粒绒衫作为一般的大众休闲服提供给消费者，让一般民众能轻便舒适地穿着。所以，可供选择的颜色一定要具有震撼力，必须做得丰富多彩。

那个时候，公司已经改变了由我一个人说了算的独裁式决策格局，建立起了由泽田、堂前、林先生等组成的可以共同出谋划策的团队，在市场营销、生产管理和物流上形成了一整套完善的管理体制。

虽然我们从一开始就很看好摇粒绒衫的销售，但是市场反应如此之好，却是我们始料不及的。原宿店开张当天，我和泽田两人忐忑不安地站在店门口，心里想着的就是一件事："能够卖掉就好了。"但后来看到顾客们排起长队抢购摇粒绒衫，真是十分惊喜。商品这种东西，好与不好的结论就是"畅销为王"。当然，要取得一款商品的销售成功，除了前面所述的各种因素之外，还有一些偶然因素的作用和运气的成分，是所有这些相关要素的合力所致。

"每件 1 900 日元"

在原宿店开店的当日，我和前面提过的威登·肯尼迪公司的约翰·杰伊先生、从事影视规划业的 CI 公司的钱先生、泽田，以及刚刚加盟我们公司的玉塚，一起吃了一顿午饭。

玉塚是由泽田介绍过来的，面试后当即表示愿意到我们公司来。刚一见面，他给我的印象有点像纨绔子弟，我担心他不靠谱。结果完全出乎我的意料，4 年后他当了社长。

我与约翰·杰伊邂逅的故事，前面已经有过交代，但那天和他介绍过来的钱先生却是第一次见面。一年后的秋天，我请钱先生负责优衣库的电视广告片制作。

1999 年 5 月，公司确立了优衣库品牌建设规划，和威登·肯尼迪公司建立了合作关系。不久，杰伊先生提出了一个在电视广告片方面具有划时代意义的方案。在美国纽约街头，营销员手拿我们公司的摇粒绒衫问过路人："你认为这件衣服值多少钱啊？"第一次接触优衣库摇粒绒衫的过路人中，有人说值 40 美元，有人说值 50 美元。当营销员告诉他们，这个只要 1 900 日元，按当时的汇率计算，只有十五六美元时，很多人当场表示"马上就想买"。这个广告片的表现手法其实非常直截了当。与其说是追求广告片的趣味，倒不如说是在用心宣传摇粒绒衫的价值，是在用性价比打动顾客。

和杰伊先生的磨合也经过了一段时间。先是在优衣库的经营理念上达成共识，然后从商品的规划阶段开始一起介入，通过激烈的意见交锋，最后形成了优衣库的广告战略。

1999年8月，在全国性的报纸上，优衣库刊登了整版广告。广告词只有一句话："优衣库的牛仔裤为何只卖2 900日元？"这一广告将优衣库的经营理念和运作方式全部呈现在了广大消费者的面前。

从1999年秋天开始，通过在电视、杂志及地铁轻轨车厢内发布广告，我们以摇粒绒衫为中心，对牛仔裤、平脚短裤等优衣库商品进行了大范围的宣传。我们还邀请音乐家、演员、学者和一般普通民众出演电视广告，请这些个性鲜明的人用淡定的语调来描述优衣库商品的特性，告诉人们优衣库的商品是怎么回事。

众多广告之中，电视广告片的反响是最大的。其实，在公司内部审看样片时，大家争论得十分激烈。整个片子里，既没有冲击力强的音乐，也没有对商品的重复强调，从音响效果来说，是一部非常安静质朴的广告片。会议室里，"应该大声喊出只卖1 900日元"，"画面上的文字应该更大、更醒目一些"，此类声音不绝于耳。

而杰伊先生认为，应该尊重电视观众的感觉，相信他们的智慧和判断能力。所以，没有必要拼命强调价格的高低，我们想告诉观众的东西已经充分包含在影片里面了。

我也认为，这段影片不用修改。我对那些持反对意见的人说："广告宣传，要么是0分，要么是100分，没有中间数值。成功与否完全取决于广告创意人的思路和表现手法，我们不该说三道四。如果播出后效果不好，大不了以后不和这位广告创意人合作就是了。"广告是一种信息发布手段，这种信息只有被人们接纳，让信息"到达"消费者的心里，才可称之为真正的广告。而一些说好不好，说坏不坏的半吊子东西，往往会在还没有引起消费者注意之前，就已经被埋没了。所谓的"到达"是指消费者接受广告信息并由此产生共鸣，也就是说，我们想告诉消费者的信息，切实地传达到了消费者那里，这才是我们想要的广告效果。

结果，这一广告片没做任何修改就在电视台播出了，意想不到的是，效果非常棒。消费者们理解了我们想传达的信息内容，达到了很好的宣传目的。"让对方去感觉"——这种超一流广告创意人的表现手法让我折服。后来，我在一些杂志上看到，这部广告片成了电视广告制作同行们的一个话题，而且评价很高。我的得意之情可想而知。

电视片一共拍了七八种类型，片中出场人物的选定标准是"具有鲜明的性格特征"。人物的选定是由和杰伊一起工作的艺术指导田中则之和负责广告文案的佐藤澄子一起商量决定的。

他们报上来的人物都合我意，我几乎没说一个“不”字。

例如，请音乐人山崎正义先生出场的那个广告片很有新意。身着摇粒绒衫、手弹吉他的山崎出场时，屏幕下方打出“音乐家，27 岁”的字幕，他随意地讲述，影片最后才打出一句“优衣库的摇粒绒衫，15 种颜色，每件 1 900 日元”的广告词。在整部片子里，没有那种为说广告词而说广告词的牵强附会，而出场人物本身的性格魅力也得到了淋漓尽致的发挥。

与前面曾经提过的那个关西地区家庭主妇出场的影片不同，这部广告片不仅对优衣库的销售做出了贡献，更是有效地提升了我们品牌的价值。公司的地位也从一个单纯的服装零售商上升到了被大家公认的“新型日本企业”。1999 年 10 月，店铺销售总额比上一年同期上升了 60%。在此之前，我就坚信，如果这次的电视广告片能够发挥有效作用，一定会对销售有所帮助。只是没有想到，销售额的增长势头会如此超出我的预期。

有效利用广告代理公司

我自以为比较了解日本广告代理公司的能力。如果全部扔给广告公司去打理，他们不一定能做出我们所希望看到的宣传片。广告应该是由广告主自己做的，而不是创意者或者广告代理公司可以全权帮办的。广告主需要自己策划方案，只能把创意者或者广告代理公司作为其中的一个功能使用。反之，则不能达到广告主想要的效果。

在与日本的广告代理公司交往的过程中，我发现，日本的广告代理公司提供给我们的都是一些广告手段的提示。如：做这样的活动，这个地方是要花钱的；电视广告片的插播用这个时间段比较好；起用这些演员效果如何，等等。至于通过广告片，想传递给消费者怎么样的信息，以及用什么样的方法进行传递，这些实质性的东西，基本上不能提供给我们。

好的广告创意者，其成功的秘诀在于，能够理解广告主的真实想法，并充分发挥自己的智慧，运用恰当的媒体平台，制作出令广告主满意的广告片来。没有主见的广告主，委托没有创意能力的广告公司，是拍不出成功的广告片的；即使拍成了，也难以达到预期的宣传效果。由于威登·肯尼迪公司不涉及媒体安排业务，完全是一家专事创意的广告制作公司，所以，我们“购买”的只是他们的创意智慧，而在媒体安排上则委托电通广告公司。针对不同的功能需求，支付相应的费用，这是一个经营原则。

广告主不能把什么东西都扔给广告公司，必须将自己公司的经营方针和经营理念完整地告知广告创意人，让其理解公司的企业文化。这是经营者或者广告主应该承担的责任。在此基础上，还必须告诉创意人，希望宣传的商品是在什么背景下制作出来的，应该着重强调哪些地方，需要告知消费者品牌的哪些信息。广告创意人在深刻领会这些“想法”之后，站在消费者的视角上，再将广告主的想法很好地“翻译”出来。杰伊先生就属于这种能够真正读懂我们的想法，并能够把我们的期望十分透彻地传达给消费者，让消费者感知到优衣库真意的行家。

我经常和杰伊先生一起讨论问题，告知他最大的宣传要点是关于企业的品牌真谛：“优衣库是一家想让所有人都能穿上优质休闲装的新型日本企业。”为了将这一真谛很好地传递给消费者，我们使用了电视广告和报纸广告的宣传手段。我一直强调这样一个理念：“服装原本是没有个性的，只是通过某个人巧妙的穿着，才展示出独特的个性魅力。”希望消费者们多少能感受到一点这个理念。

日美两国创意者之间的差异

曾经听杰伊先生说起，在纽约居住的一流的时装摄影师中，没有一个是日本人。

日本摄影师在拍摄时装模特照片时，往往是一开始就从头到尾先研究好拍摄方案。例如，模特应该以某种姿势站立，怎样嫣然一笑，保持某种状态，等等。所以，拍出来的照片往往比较呆板生硬，毫无动人之感。日本摄影师做副手是非常优秀、非常到位的，但不能担任主导者。

我们公司每个季节都要做商品样本，也遇到过同样的问题。委托美国的摄影师拍照，他到卖场之前，什么也没做，只是画了一些素描草图，试一试感觉。到了卖场，让模特做几个动作，根据自己的即兴创意，拍出理想的照片来。而日本摄影师会在拍之前定一个大致的程序框架，然后按照这个程序走下去。虽说“重视程序”有其高效的一面，但过分拘泥于形式，会直接影响创作的活力。打分数的话，日本摄影师最多只能得 70 分，得不到 100 分。

杰伊先生曾应邀到日本一家设计专科学校讲课。当他走进教室时，发现学生们的表情都比较僵硬，一派认真严肃学习的样子。为了打破这种沉闷的气氛，杰伊先生让人去买了许多罐装啤酒，一人一罐。于是，教室里的气氛开始活跃起来，自由随意的课堂讨论氛围也呈现出来了。杰伊先生这样做，是想告诉学生们一个道理：凡是从事创意工作的人，必须在自由轻松的环境里，让自己的思绪天马行空，独往独来。

再回到前面提到的那个电视广告片。让上场的人物当场说一些即兴的话，也是有技巧的。导演伊藤先生是一个非常聪明的人，他在卖场可以套出这些话来。从伊藤先生的著作和一些对话录中可以知道，他在引出对方讲出真心话方面具有相当独到的技巧。

杰伊先生见到伊藤先生后，称赞他说："在广告片拍摄卖场，只有他能够使片中人物轻松自如，对答如流。"一开始，当我听说在拍摄卖场，伊藤先生是一边向人物提问，一边拍摄时，我不由得捏了一把汗：万一控制不好，拍出来的广告片不就一塌糊涂了吗？但结果证明，我是庸人自扰，广告片拍得非常好。我再次向他们的创意能力脱帽致敬。

大增产

1998 年 10 月开始的摇粒绒衫销售热潮，以及 11 月的原宿店开张成功，使公司在经历了一系列失败之后，重新获得了再生的活力。我们停止了欧美进口商品的销售，并把店面销售的商品数，经过彻底而严密的筛选，从 400 多种减少到了 200 多种，提高了商品的集约度。

正如前文所述，1999 年 8 月发表的年度决算报告显示，公司销售额超过了 1 000 亿日元，税前利润达到 141 亿日元，是

1990 年 8 月年度决算期销售总额 51 亿日元的 22 倍，门店数也从 27 家发展到 368 家，增长了 13 倍。1999 年秋冬，我们预计摇粒绒衫会继续热销，于是制定了 600 万件的销售目标。

电视广告片、报纸、杂志等的宣传广告起了作用，所有商品的销售势头强劲。特别是摇粒绒衫，在 1999 年 10 月 30 日、31 日的两天双休日，正逢池袋东口店和五反田 TOC 店开张，所有门店以限定价 1 290 日元销售，引起人们哄抢。一时间，很多家门店不得不限制进店人数，店员们也只能被动地应付这一火爆场面。

通常，公司在制订预算计划时，会考虑万一达不到目标该如何应对的方案。但是，这次我们却要考虑，万一超过预定目标该怎么办。由于销售量大大超出我们的预期，生产方面完全跟不上。11 月 26 日、27 日两天，因为摇粒绒衫的断货和店内的拥挤，我们在全国性的报纸上刊登了优衣库的“致歉广告”，广告词是：“优衣库的摇粒绒衫，急速增产中。”我们要求工厂方面加紧生产，生产厂家方面也给予了积极的配合。结果，不仅是摇粒绒夹克衫，包括摇粒绒围巾和摇粒绒手套一起，一共销出了 850 万件。

接下来的课题是，2000 年的秋冬怎么办？当初我也接受了各种媒体的采访。记得我曾经对一家媒体这样说：“没有比摇粒绒衫更畅销的商品了，我们有自信继续做好这方面的商品规划工作。可能的话，仅摇粒绒衫一个品种，就能销到 1 200 万件。”

2000 年 4 月，优衣库的直营门店数量已达到 417 家。我们关闭了原来的东京办事处，同时将位于山口县宇部市的公司总部搬到了东京的涩谷。店铺开发也集中以都市型的商店为主。当年 11 月，作为东西两大旗舰店，我们开了涩谷的神南店和大阪的梅田店。第二年 4 月，直营门店达到 503 家。

摇粒绒衫在 2000 年的秋冬卖出了 2 600 万件，同时其他商品也紧紧跟上。2001 年 8 月，公司的销售总额达到 4 185 亿日元，税前利润达到了 1 032 亿日元的规模。

也许是物极必反，也许是优衣库的新商品开发力度有所下降，公司经营业绩在 2001 年 8 月的年度决算期达到顶峰后，开始走下坡路。一时间，“优衣库不行了”的声音渐渐响了起来。于是，那些曾在流行浪潮中抢购优衣库摇粒绒衫的人，那些在买了摇粒绒衫的同时，又买了优衣库其他商品的人，那些因为买了优衣库服装，结果到处撞衫而觉得不爽的人，渐渐地远离了优衣库。2002 年 8 月的年度决算中，优衣库的年度销售收入降到了 3 416 亿日元，税前利润降到了 547 亿日元，业绩出现大幅下滑。

于是，媒体也开始起哄。但是，我们并没有因此而停下脚步，依然孜孜不倦地追求从商品规划到生产、物流、销售整个系统的精细化，把一切精力投入到夯实基础的工作当中，为今后维持高销售、高利润打下扎实的基础。到 2003 年 8 月，优衣库的单月门店销售额比前一年同期上升了 6.7%，这是时隔 23 个月以后首次出现同比增长，公司呈现出触底反弹的好势头。实践证明，坦诚应对环境变化，提高自我变革的灵活性，该改变时就改变，一切顺势而为，是对付困难的良策。我们的做法只有一个，那就是反复实践，不怕失败，一心向前，不断迎接挑战。

23 条经营理念

我们公司的经营理念有 23 条，制定这些经营理念的理由有 3 个。

不管是什么公司，公司形态都是一样的。但是，公司里的每个员工却是不一样的个体。当公司的规模不断壮大，员工人数也不断增多时，就会出现有不同想法的人用不同的方式做各自事情的问题。也许他做本职工作很尽力，也很出色，但对公司整体而言，却会导致管理失衡或效率低下的问题。所以，减少这方面不必要的损耗，是制定公司经营理念的第一个理由。特别是公司中途招聘的有工作经验的员工很多，他们会带来一些以前所在公司的文化，虽然这些文化给公司带来了一股清新之风，但同时也会给公司带来一些负面影响。所以，我希望他们能够了解我们公司的经营方针和经营理念，便于他们更好地融入优衣库的企业文化之中。

第二个理由是，公司必须清晰表达整体思路。公司是以自愿加入和自愿退出为原则的，谁也不能强迫你去做违背个人意志的事。所以，当你在选择公司的时候，也必须允许公司对你有所选择。要做到这一点，无论是公司还是个人，首先都必须明确地表达“自己的想法”。即便你是一个非常有能力的高人，如果你的想法与你的公司在战略上有着根本差异，让你成为一名优衣库的员工，对你和对公司来说，都将是一种不幸。

经营公司的最重要的一点，就是要明确地告知员工，“我们想成为什么样的公司”，或“我们想和什么样的人在一起工作”。对员工来说，公司就如同自己的家，是自己人生中非常重要的一部分。但是久而久之，员工也会滋长惰性，把在公司工作看成是理所当然的事情，忘记了自己在这家公司工作的初衷。为了避免此类事情发生，我们有必要明确公司的经营理念。这是第三个理由。一个公司里，大家表面上说的话似乎没什么两样，但内心的价值观却存在差异，这样势必会引起行动上的不一致。既然大家是朝着同一个方向前进，那么首先就必须在对待工作这一问题上统一价值观。

这个经营理念的雏形，是在我30岁左右时形成的。当时我加入了父亲的公司，不久被委以全权管理公司的重任。虽然公司的年销售额只有几亿日元，但是利润在逐年增长，公司自然不会马上倒闭，但对明天将会发生什么事情一片茫然。为此我读了很多经营方面的书，也听说了许多其他公司的事情。那时，我一直在思考这样一个问题："什么样的公司才是好公司？""要办好一家公司需要做什么？"每次有一点心得，我就马上记下来。第一条自然是最重要的，以此类推，当时一共写了7条。后来每年增加，最后形成了现在的23条。

有人曾经提议说，可以把它浓缩成5~6条。但我觉得简练的一两句话不能完全表达我的经营思想。

第一条是："要顺应顾客的需求，创造顾客的需求。"我认为这是做生意的根本。没有顾客的生意是白费力。那些认为只要把店门打开，自然就会有顾客来，自然就会有生意的想法是错误的。如果不能顺应顾客的需求，那么商品就会卖不出去，生意自然不会兴隆。同样，如果重复去年做过的事，没有新创意，顾客也会越来越少。所以，我们必须顺应顾客的需求，并不断挖掘出顾客的新需求。

第二条是："要不断地实施好的想法，发挥企业的社会影响力，为社会变革做贡献。”企业自身要不断地创新，要将各种好的建议和意见付诸实施。要通过顾客购买我们的商品来促进社会的变化，并因此对社会做出有益的贡献。我认为做事业就应该是这样。一个人的力量是十分有限的，但和一批志同道合的人携起手来，就能做出影响社会的大事情。也就是说，个人的力量通过企业这个组织载体释放出来，就可以为社会做出贡献。企业就像一个人，如果对这个社会没有贡献，没有什么影响力的话，就会变得毫无价值。我觉得，真正好的企业，从某种意义上来说，就要把经营活动当作一种社会活动。当然，也不能做得过头，只要经常地保持一种积极开放的心态，不忘记“顺应顾客需求”这一宗旨，自然而然就会形成一种对社会的使命感。

我对美国一些高科技新兴企业的快速成长非常感兴趣。这些企业在实现自己梦想的同时，也改变了世界。反过来也可以这样说，正因为抱有改变世界的信念，才努力实现了自己的梦想。这也说明，企业如果没有这种使命感，就不可能实现快速成长，也不可能取得好的经济效益。如果今天还在做昨天的事，那么谁都不会在乎你。要知道，如果我们做的生意对社会没有什么好处，那么企业就不可能赚钱。所以我们下定决心，一定要成为一家对社会有用的企业。我们还相信，一家只想着赚钱的公司，是招不到优秀人才的。

经营理念的其他内容，请参见本书附录。大家如果能在阅读下一节之前先浏览一下经营理念全文，我将不胜感激。

快速发展的企业危险吗？

迄今为止，如果要推举一家美国最有代表性的高科技企业，我认为应该首推“苹果电脑公司”。

该公司将计算机从一种通用机械发展成为个人电脑，开创了个人电脑的先河。可以说，苹果公司是目前屈指可数的改变了世界的企业。紧随其后的是英特尔和微软，它们也是改变世界的代表性企业。

我经常想，既然我们已经开始做企业，那就要像它们那样，努力把企业做成对社会有用的，或者说能够给这个社会留下深刻影响的企业。如果不能做到这一点的话，我们拼命工作也没有多大的意义。日本也应该有苹果电脑这样的公司，我想通过自己的努力，证明给大家看——日本企业也能做到。

但是，日本和美国的国情是不一样的。在日本，人们对“快速发展”的观念非常消极。这是因为，在人们的潜意识中，“快速成长 = 马上倒闭”。

但事实上，无论是高科技企业，还是像GAP、LIMITED这样持续高速发展的企业，它们比起那些慢吞吞的公司来，不仅基础更稳固，而且前景更为广阔。所以，“快速成长 = 危险企业”的公式概念是不适用于这些发展惊人的好企业的。

从经营者到普通员工，大家都要拥有明确的经营理念，要以经营理念作为一种共同的价值观来开展工作。要让员工们感觉到，我们正在用这样的价值观从事着对社会有益的工作，我们为此而感到骄傲。这样一种意识，在我们年轻优秀的员工中体现得比较突出。

我们公司员工的整体精神面貌是非常健康向上的。我们应该为社会做贡献，我们的企业应该肩负起社会责任，这方面的意识之高以及努力之实在，绝不会输给任何一家大企业。以建筑家安藤忠雄、律师中坊公平为首的著名人士发起了“濑户内橄榄基金”募捐活动，我们马上响应，在所有的门店设立了募捐箱予以积极配合，这一募捐活动得到了消费者的广泛认同和协助。除此之外，我们还做了许多公益活动。

摇粒绒衫的回收和再利用就是其中的一项公益活动。从2000年年末开始准备，到第二年的9月正式启动，这项活动得到了广大消费者的理解和支持，取得了实质性的效果。2001年春天，公司还积极参加以促进残障人士参与社会活动为目的的体育振兴活动——“特别奥林匹克运动会”，不光向运动会捐赠了T恤衫等物品，广大职工和公司董事们还作为志愿者参加了这次活动。

另外，我们还积极雇用残障人士。从2003年3月到现在，有360名残障人士加入我们公司，与一般的员工一起在努力地工作，残障员工人数已经占到全体员工总数的4%（国家法定的录用比例为1.8%）。当初，公司在录用这些残障人士时，也有一些反对的声音，主要是担心会影响我们对顾客的服务水平。但后来的事实证明，凡是有残障人士做店员的门店，在为顾客服务方面反而比其他的店做得更好。因为整个商店形成了“谁有困难大家帮”的团结互助的气氛，使大家对周围事物更加留意，观察更为细心。同样，我们参加“特别奥林匹克运动会”志愿者活动也取得了很好的效果。那些残障人士在竞技场上努力拼搏的身影，给了我们这些作为“志愿者”参加运动会的员工们很大的刺激。大家在感动之余，也产生了许多该为他们做些什么的强烈愿望，根本没有一丝轻视他们的念头。通过这样的公益活动，员工们的社会意识也发生了很大的变化，他们的目光不仅仅停留在作为一名员工如何做好本职工作上，而是开始关注社会，把自己的服务内涵延伸到社会生活中去。正因为如此，我们成功地找到了一个企业活动与社会贡献之间的连接点。

当然，我们做得还很不够。但是我们觉得，从我们能做的事开始，从身边的事开始做起是十分重要的。要分析日本企业为什么会钻进一条经济低迷的黑暗隧道而徘徊不前，我觉得，企业对于社会贡献和社会责任的意识淡薄，是其中一个肉眼不易看清的重要原因。

大企业中的种种不满

有很多以前在大企业以及外资企业工作的员工，因为对原来的企业不满意，就来加入我们的队伍。他们对原来公司往往有这样的评价：

进入大公司固然好，但最大的不满意是在你的上面有许多比你强的人。在金字塔结构的组织系统中，你必须从最底层做起。太多无效的规章制度，僵化得没有一点通融余地的信息传递系统，会使你慢慢失去工作激情。若你想直接跟最上面的领导沟通，必须经过层层申请的手续；事情还没有办成，你的想法和积极性就已经被打消了一大半。越是有能力的人越会感觉到，在大公司这个组织框架中，自己的能力只能发挥到三分。

而很多持有这种不满的人，一旦进入我们公司，就会感觉到自己的激情一下子得到了完全的释放，生命之花彻底绽放。像已经离职的泽田，以及玉塚、森田、堂前，如果是在普通的大企业，像他们这样的年龄，是不可能被委以如此重要的管理和经营公司的责任的，也不可能在公司这个大舞台上担任这样重要的角色，更何况他们来自不同的行业。让他们这些全然没有零售业经验的人来从事公司的运营和管理，我有时候想想自己这样做也够大胆的。但另一方面，他们的加入给我们带来了一股新风，成了我们公司的活力之源。

能做自己想做的事，是一个劳动者最大的快乐。如果对这些年轻而优秀的员工的活动范围进行限制，不让他们干自己想干的事，无疑是对这些宝贵资源的浪费。

理论和实践的平衡

从表面上看，我们公司顺利地实现了在广岛证券交易所、东京证券交易所二部、东京证券交易所一部（主板）的上市，似乎是坐上了顺风船，其实不然。在公司成长的过程中，我们推行了好几次诸如“ABC 运动”之类的改革，几乎将公司的组织结构推倒重来。在这个过程中，我们录用了一批又一批年轻有为的优秀人才，如前文所述，基本上都是从其他行业跳槽过来的。

我自己也是在很年轻的时候，就接手了公司的经营。将那个时候的自己和现在进公司的年轻人相比，我发现，现在的年轻人远远比我那个时候能干。既然我都能做过来，那些比我能干的年轻人即使没有零售业的经验，也一定能做好。因为没有零售业的经验，反而让他们没有思维定式的束缚，可以放手去干。

他们的长处是善于进行理论上的归纳总结，我的很多想法都是由他们帮我具体整理归纳的。而另一方面，包括我在内的一些老员工，已经习惯于根据卖场情况当场拍板的决策方式。我想，如果理论和实践这两者能够得到很好的平衡，那么就能实现经营的高效率。如果公司的经营管理层偏向于只动脑不动手的人，那是很危险的。今后如何继续维持好这个平衡，是公司彻底摆脱“柳井个人商店”的一大关键。

在这里，我还想补充说明一下“光用拍脑袋来经营公司的危险性”。

可以极端地说，做生意是一种实践活动，经营也是一种实践活动。如果只是拍脑袋想问题，或者说只凭经验做事，那么当他把所有的问题点和课题罗列出来，并排定先后顺序，说一句“就是这么回事”时，那就说明他只做到了一半。因为他所做的一切只是停留在分析现状的层面上，还没有到达“实践”

的高度。即使走到了实践这一步，也需要一边实践一边思考，这样就需要“动身子”，有时一件简单的事情会需要重复做好几遍，这就是“实践”。没有实践相伴的思考，有纸上谈兵之嫌；而光做不思考，则更是一种愚昧。

卖场和总部的关系

“实践”这个词汇是有陷阱的。如果你是公司将来的骨干，通常的做法是，进公司后的最初一段时间，你一定要到最基层的门店或卖场去锻炼，从那里开始修行入门。但我们公司的做法不是这样，公司并没有一套既定的培养程序要求你必须去第一线实习研修。因为如果本人没有强烈的学习锻炼的愿望，即使到了门店第一线，也会应付了事。这种形式上的实习研修，对他本人和公司来说都是毫无益处的。“实践”如果仅仅被理解为干活，那就大错特错了。

对那些年龄在30~45岁，自己又想成为经营者的人来说，如果一进公司就被要求到店铺卖场去，情况会是怎么样的呢？由于对什么都不习惯，反而会成为店铺的负担。而他自己也可能会因为对店铺产生了一种恐惧感，又会选择跳槽逃避。我们需要培养的是他们对经营的感觉，硬性规定他必须到店铺卖场去实习的做法，反而会产生副作用。我们的做法是，在他从事经营工作的过程中，自己感觉必须去卖场的时候，才会让他去。店铺实习研修制度如果只是停留在形式上，是没有任何意义的。

店铺经常会有这样的要求：请总部的人能够经常到卖场来，体会一下卖场的实际情况。但是，到了卖场，对于卖场的情况想要理解的人总能理解，不想理解的人怎么都不能理解，结果是浪费时间。倒不如反过来做，让店铺的人到总部来，根据卖场的实际情况，改变总部的一些做法。因为与顾客近距离接触的是那些店铺的员工，而不是总部的人。

这里说的公司总部，以前被称为"运营管理部""店铺经营部"及"店铺支持部"等，现在我们一律称为"支持中心"。但我对这个称呼其实心存芥蒂。虽然这个称呼表明了总部和店铺并不是上下级关系，只是一个对店铺进行支持、支援的机构，但总觉得还是有些拘泥于形式。如果只有这样一个好听的名称，而实际上并没有对店铺进行多少支持的话，就叫"总部"也无妨。

速断速决

说到部门的名称，就需要提一下 1991 年 9 月 1 日变更公司名称的事。变更名称的一个主要原因，是想表明公司的这样一种决意：总部必须对卖场的事情速断速决。

美国的高科技企业也好，快餐店也好，它们经营的一个关键词是：速度。凡事决胜在于速度。在经营上，必须基于“快速”这样一个理念，建立起公司的组织体系、流程以及会议制度。我们把“快速 =Fast，零售 =Retailing”所构成的组合名词“Fast Retailing”作为公司的名称，其背后的意义并不仅仅停留在对外的诉求上，更是对公司内部运作的一个理念的表述。

如前所述，把顾客的需求转化为商品，需要快速。对公司的所有业务，需要快速决断，快速执行。试想，我们设立了一般人看来不可思议的目标，如果没有超乎寻常的速度去决策、执行，最终只能是痴人说梦。

极端地说，对于我们来说，Fast 就是速断速决。如果做错了也不要紧，快速纠正就行，关键是要立即付诸行动。

但是，现在这种“速断速决”的速度，与公司当年寻求在广岛证券交易所上市时相比，已经慢了很多。主要是因为公司规模大了，组织架构变得复杂，经营层各成员之间的协调更需要时间。但是我认为，我们必须再回到“Fast Retailing”的原点上，重新构筑“速断速决”的内部运营管理体制。

向互联网组织架构转型

我一直认为，计算机技术的进步也促进了我们企业内部组织结构的变革。

以前，一台大型中央计算机连接好几台计算机终端，终端只管数据的输入和输出，数据处理是由中央计算机来完成的。后来进入个人电脑时代，计算机系统发展成为客户终端服务器型，数据在服务器和个人电脑上都可以进行处理了。现在进入了互联网时代，有了网络技术的支撑，世界上的每一台电脑都可以同时进行联网操作。

企业的组织架构也是一样，也应该由中央集权型向互联网那样可以同时进行的灵活型转换。你可能永远不知道互联网的中心在哪里，但是你自己的电脑就是一个中心，然后通过互联网把大家连接在了一起，互相之间能够把握：谁，在做什么。大家可以为了同一个任务目标，同时进行工作。所以我认为，我们公司的组织架构也应该朝这个方向努力。

互联网的特征之一，是极大地缩短了空间和时间的距离。既然工作环境已经发生了变化，而在这一环境中工作的人们，如果仍沿用原来的处事方式，不能从原来的工作模式中跳出来，不能改变原来的工作节奏，显然不能很好地适应现在的时代。

我想要的是，运用现代的互联网和一切相关的高新技术，改变人们工作的意识和方法，让所有员工的工作实现同步化；同时，对员工重新进行评估，不同的岗位起用不同的人才，让最适合这一岗位的人来做最适合他做的事，做到适才适用。我认为这些应该是可以做到的。即使工作失败了，迅速回到原点上，改换一种方式重新出发，也是可以的。关键是，在问题发生后，要马上有最合适的人来进行最迅速的处理，而且要赋予他一定的权限。我想追求的就是这样一种组织架构和运营机制。

我要建立互联网式的组织架构，如果公司的组织体系不能进行这样一种切换的话，别说想与国际大企业进行竞争，在新世纪里能否苟且偷生都成问题。所以，我们还有很长的一段变革的路要走，现在还处在“客户终端服务器”的阶段。

加入互联网系统中的人都是主角。但不管怎么样，对于完成一个项目来说，还是需要一个领头人的。也必须制定每一位参与者的工作“判断标准”，以及完成工作后的“评价标准”。而这些“判断标准”与“评价标准”，必须事先告知所有相关的参与者，让他们准确无误地知道自己应该做什么，必须做到什么。

项目的领头人，也需要根据项目内容的变化而及时更换。也就是说，根据工作内容的变化，能上能下。这里的“能下”，指的是能做具有自律和自立能力的项目的组成人员，而不是传统意义上需要进行“管理”的人。所有的人员都具有自立能力，不仅要对自己承担的那一部分工作负责，也要对整个项目负责。而领头人的概念，也不再是对部下一一发号施令，听取汇报，做出指示的那种“领导”，而是善于对项目进行总体协调和评估，同时自己也承担具体工作的“运动员”。

这里指的“自立”，是指统一在项目整体原则框架下的“自立”。缺乏这一前提，大家都各自为政“自立”的话，那就会发生着力点分散，零零落落，一片混乱的情况。门店中已经有一部分开始“自立”了，但公司总部的人离“完全自立”还有一段距离。这是今后一段时间我们需要认真对待的一大课题。

为了让所有的员工能够做到同步工作，我们必须借助计算机系统的力量。全体员工在“不浪费，不随意，不蛮干”的前提下同步工作，忽快忽慢将会受到红灯警告。一旦出现问题，能够迅速让全体员工知道问题的症结所在。这是我梦寐以求的一种工作机制。

拆除部门之间的隔离墙

在一个现实组织或集体中，有各种各样能力各异的人。即使是在一个仅有10个人的组织中，要求这10个人都具备最强的能力也是有悖现实的。实际情况是，10个人中，有两个人特别优秀，6个人表现一般，剩余两个人是拖后腿的。哪怕一开始就让10个非常优秀的人组合在一起，过了一段时间，在不知不觉中，他们也会形成前面所说的2∶6∶2的结构。即便我们把当中两个拖后腿的人去掉，余下的8个人当中，还会产生两个拖后腿的新人。

企业组织并不是因为有了优秀人才就会发展，全体员工结构的平衡是非常关键的。企业需要优秀的人才，也需要一般的劳动者，这种平衡掌握得好的话，企业才会不断进步成长。全体员工必须对企业组织整体的目标拥有共识，并且通过“自立”来完成自己的工作。

要建成同步化的企业组织，并不是非要聚集众多优秀人才不可。是否有优秀的人才？有的时候并不需要考虑这个问题。重要的是，企业组织中的人能够理解职业道德，并具有一定的职业道德。

每个人都能够在考虑企业整体工作的前提下，充分“自立”地去完成自己的本职工作。在随时能够了解各自工作进展情况的系统中，让和谐的人际关系把每一根神经串联起来，然后想办法用最新的科技手段把它实现。这是我们今后必须面对的新挑战。

常态的同步化，迄今为止是经营学者们常说的那种心灵的默契，就好比是相扑比赛开始前，两名运动员同节奏的呼吸。但今后情况会发生变化。所有的东西都会有“判断标准”和“评价标准”，并且这些信息都是公开的，所有的员工都知道。同时，工作的一切结果，大家也都资源共享，十分清楚，所有的相关评价也都全部公开。一切都在大家的眼皮底下进行，这就是真正的同步化的意思。

我觉得，所有的员工，每一个人都作为一名“个体经营者”为企业承担责任，这样的组织应该是我们所向往的。而要做到这一点，公司管理层对经营问题的思考，对经营理念的追求，目前在想些什么，在做些什么，诸如此类的信息都必须公开。在这样一个开放的充满活力的企业里面，独裁式的、习惯于发号施令的单通道管理方式，在当今社会已经行不通了。

也许，在不久的将来，公司内还是公司外之类的区别和界限都会消除，哪些工作是公司内部人员该做的，哪些是该请公司外部人员协助的，都不会再有明确的界限。

UNIQLO

第四章

大家的优衣库

• 用 9.9 秒的时间跑完 100 米，需要非凡的能力，不是常人能够做到的。但是，如果是做商业，用众人的力量来完成商业意义上的用 9.9 秒跑完 100 米的目标，还是有可能的。

• 即使是非常有能力的人，在这种按部就班的、一切服从员工手册和总部指令的氛围中工作，也会逐渐丧失对工作的激情。

• 店长必须是最高职位，他如果能够胜任店长的全部工作，收入就应该高过在公司总部的人。不采取这样一种“店长是公司主角”的管理机制，零售业就很难繁荣。

• 把女性当公主一样另眼相看，对男士来说，似乎是一种风度。但离真正意义上的“重视女性”其实还有很大的距离。

“手册经营”的局限性

在这一节里，我想说一下决定企业灵活性的人事考评制度。在这之前，先对我们公司如何扩大人员结构，如何把公司的功能逐步分解细化的过程，做一次回顾与整理。

通过回顾公司发展的历程，我们可以知道，刚开始的时候，根本谈不上什么对人的评价机制。我进入公司不久，原来的一些员工相继辞职；为了生存，为了把公司经营下去，我自己什么都得做。

后来，公司雇用了一些员工。于是我就开始做计划、考虑方案，具体的执行就委托别人去做。到了发展连锁经营业务时，每开一家新店，就必须任命店长，雇用店员，同时还必须建立和完善店铺运营、商品采购等机制。如果说，我是主管营业（店铺运营、市场营销和商品采购）的话，那么管理这一领域也是需要一个人统筹掌握的。管理的范围很广，主要有财务、人事、信息系统、总务等工作，还包括店铺开发及促销。刚开始时，我们员工的数量有限，往往需要一人身兼数职。

随着公司业务的扩大，职能部门需要相应的增加。如商品采购员人数增加到 4~5 人时，就成立了商品部。原来由公司外部的专家团队，或者是由我亲自担当的一部分工作，逐步地分摊到了几个员工的手里。

公司的组织架构发展到这一步，就产生了一个如何去评价某个部门，以及如何去评价整个公司的问题。在门店扩张的最初阶段，我们是通过“手册经营”，即遵循所谓的“连锁店理论”来实施经营管理的，根本没有对每个职能部门进行考核的评价制度。当时，我们称这种管理方式为“切饼干”方式，日语中称之为“金太郎糖果方式”。也就是说，按照规范进行一家家的复制。结果，全国每一家优衣库店都是一模一样的。所有的信息和指令发布，都是中央集权式地从上到下发号施令。

这样一种自上而下发号施令的系统越完善，店铺和总部对决策的执行就越彻底。但是，这样做的结果导致优势和弊端各占一半。虽然执行力得到了加强，但公司因此而形成了每日按照固定程序进行工作的文化。每天重复同样的事情，就会使员工逐渐丧失创新能力，思考方式也会日益僵化。

店铺的工作不可能全部按照标准化规则来实施。但是，员工们在店铺里遇到一些细小的事情，还是会提出诸如“希望这个能够写进手册”“手册里没有，不知道该怎么做”等的要求。也就是说，员工们丧失了自主判断事物和处理问题的能力。他们觉得，比起自作主张做事情，似乎还是遵循总部的方针，按照手册办事更稳妥些。但是，员工一旦陷入只做分内事、只扫门前雪的思维定式，做什么事都会变得墨守成规，企业组织也就会迅速僵化，缺乏活力。企业毕竟与军队以及衙门式的官僚组织不一样。

曾经发生过这样一件事。在某一个下雨天，一位母亲带着孩子来到店里，好像是说孩子突然生病了，想借店里的电话用一用。店长以公司规定店里的电话不能打私人电话为由，拒绝了这位母亲的请求。几天后，总部接到了孩子父亲的电话，对我们一顿臭骂：“你们公司是怎么回事，知道孩子生病连借个电话打打都不肯，是什么狗屁经营方针。”这位父亲骂得好，因为这些店员的行为，已经违反了一些基本的企业道德常识。那个时期，类似这样的事情还发生了好几起。为此，我说了好几次，绝不是所有的事情都必须依照员工手册来判断执行的；遇到员工手册中没有规定的事情时，首先应该依据“做人的常识”来做判断。员工手册中写的只是一些原则性的东西，是为了提高工作效率的最低标准线。卖场做生意必须靠自己思考，自己做判断，这是关键。

再说，即使是非常有能力的人，在这种按部就班的、一切服从员工手册和总部指令的氛围中工作，也会逐渐丧失对工作的激情。渐渐地也就没有人愿意担任店长的工作，因为这种工作让人感受不到快乐和激情。

公司每年两次把全国各地的店长和公司总部人员汇聚到一起举行“店长大会”。很早就有人提出，应该建立店长负责制，通过店长们主观能动性的发挥，来取得更好的经营成果。经过一段时间的深思熟虑，在 1999 年 2 月的“店长大会”上，我发表了关于建立“超级明星店长”制度的决定，并宣布建立新的总部和店铺之间的协作体制，改变两者之间的关系。要求总部改变以往居高临下、单方面发号施令的做法，强调店铺和总部的关系不是上下级关系，而是双向的对等关系。在做生意方面，店铺是主角，总部是处于支持地位的配角。不建立这样一种新的制度，显然是不行的。

为了形成以店铺为中心的公司运营模式，我们在 1998 年 7 月，对公司总部的组织架构做了大幅度的调整。将全国划分为

14 个大区，每个大区设一个区域经理，在大区之下的每个地区再设一个地区主管，管理这个地区的几家门店，形成对门店全力支持的体制。然后，在 1999 年 2 月，推出了“超级明星店长”（SS 店长）制度。那一年 3 月，由我直接面试，确定了以久留米店的弥永为代表的 16 位首批“超级明星店长”。这些明星店长被赋予了以下权力：可以根据当地门店的地理位置、客源层次，自行调整和决定订货量，可以自行决定商品陈列、店铺运营模式、广告宣传单的印制等。同时还推出了奖金与绩效挂钩的薪酬制度，奖金的标准从最低的零到最高的 1 000 万日元，拿多拿少，完全取决于店长自己的努力。

推行超级明星店长制度后，在这些店长的自主经营下，各家门店开始呈现出各自的特色。我对他们强调一点：只要遵守最低限度的公司经营原则，其他一切均由店长自己裁决。店长要用自己的思想和方法来经营店铺，像“一个独立自主的生意人”一样经营好自己的门店。现在，超级明星店长已达到了 40 人左右，我期待在不久的将来，全国所有的店长都能成为超级明星店长。

店长是公司的主角

超级明星店长制度是从 1998 年 6 月开始的“ABC 运动”的一环。前文已经提过，ABC 运动是对公司以前所有的经营模式的一次彻底的革命。当我面对公司经营业绩下降，预感到如此下去，公司的命运将不堪设想时，强烈的危机感促使我发起了这场改革。这场改革涉及的问题有：不是做好的商品如何推销出去的问题，而是如何生产出畅销商品的问题；知道这个商品销量好，那么该如何建立快速生产、快速增产的公司内部运作体系；公司不能由经营者一人说了算，而是应该由一个经营团队来群策群力；经营活动不应以公司的总部为主导，而是应以门店为中心；店长是公司的主角。

我们公司的店长大多非常年轻。通常是大学毕业进公司，干了两年之后升为店长，也就在 24~25 岁。在录用大学毕业生时，作为一项前提条件，我们对他们说得很清楚，不管男女，希望每个人将来都能够担当起店长的重任。

要成为一个出类拔萃的店长是需要经验的。若想成为八成熟的店长，那也至少需要 2~3 年的时间，而且需要相当努力。由于实行的是与业绩挂钩的年薪制，店长与店长之间的收入差别也是非常大的。超级明星店长和加盟店的店长，做得好的话，一年拿 3 000 万日元的年薪也是有可能的。

但是，如果你不开动脑子，只在体力上付出，你的收入一年也许就停留在 300 万日元左右，顶多到 500 万 ~600 万日元，再也上不去了。我要求店长们都应该是脑力劳动者。如果我们把店长定义为“在店铺这样一个工作场所，运用你的能力，增加附加价值”的角色，那么，你一年拿 3 000 万日元也是有可能的。即使拿平均值，一年 1 000 万日元的收入也应该是可以实现的。

人们普遍认为，在传统的日本零售业中，店铺的工作效率很低，收入也相应比较低。这已经是一种约定俗成的认识。而我们就是要颠覆人们对零售业的这种看法，要把优衣库办成像那些高科技企业一样，是一家高效率、高收入的“低科技企业”。而要实现这个目标，就必须始终站在生意场的最前线。这就需要我们的店长都是具有敏锐的商业头脑的脑力劳动者。所以，我们公司的人才培育必然锁定在“造就脑力劳动者”这一目标上。

公司原来的管理体制，是在店长之上，设地区经理，管理店长。但这种体制就会造就出一个地区小总部。对于店长来说，一切都得听地区经理的。这样一来，店长负责制的功能得不到充分的发挥。体制改革后，地区经理的称呼改为“主管”，其职责是对店长进行协助、建议和支持。店铺的最高经营责任人就是店长。我想让店长成为公司的主角。事实上，培养能够自律、自立的店长也是经营者的一项义不容辞的任务。

那么，接下去的课题，就是如何对店长进行考评。不能光以销售额来评估，因为只有销售额没有利润是毫无意义的。同时，还得看你能不能培养好副手。因为你不可能早出晚归，一天到晚待在店里，当你不在时，必须有一个人代替你行使职权。培养这个人也是店长的责任。

店长工作的重中之重，是安排好部下。一般店里有 30~40 名员工，管得太严，员工会敬而远之；管得太松，员工会不把你当一回事。所以，店长的管理方式和管理作风是非常关键的。虽说店长是店铺的一把手，但盛气凌人也是不行的。如何让店铺成为顾客愉快购物的好环境是很重要的。清扫、整顿，把环境布置得舒适、细致，员工看上去精神饱满、活力十足，这些都要看店长的功力。所以，在对店长的考评中，这些都是需要综合考虑的要素。

我们一直在努力摸索百分之百有效的评价方法，这是一个永远在研究的课题。在由地区主管打分的“店长业务检查表”中，有一项是新员工代行店长职权的测试，最终到底有几个新员工通过测试是一项很重要的考评指标。地区主管是店长考评的担当者，但同时，他本身也要接受是否成功培养出了好店长的考评。

成为店长

在过去的公司职位升迁图中，店长上面的职位是主管。按照连锁商店的理论，店长只是个刚出道的职位，是第一个台阶。店长上面是主管，主管上面是区域经理，区域经理才可能升到总部。但是，我认为这样一个升迁图是有问题的。店长必须是最高职位，他如果能够胜任店长的全部工作，收入就应该高过在公司总部的人。不采取这样一种“店长是公司主角”的管理机制，零售业就很难繁荣。

店长应该是公司员工职务级别的终极目标。以前，因为没有赋予店长们这种意识，所以身为店长也没有觉得光荣和自豪。但实际上，主管以及在总部工作的人并没有什么了不起。店长并不是一个只是将总部的指示贯彻到店铺的职位。如果一味沿用把公司总部当作头脑，店铺只是执行的这样一种模式，是没有前途的。店铺本身就应该是一个具有自主性的独立体。

店长是主角，是生意场上真正的经营者。这种说法，恐怕在日本传统的零售业及连锁门店理论中是找不到的。

企业必须根据每个发展阶段的特点，来全面调整经营结构和业务分担。否则，就很难过渡到下一个发展阶段。长期以来——或者说，我从未停止思考的一个问题就是，现在的体制和结构是否需要改变？是否需要打破现状？企业下一步该怎么走？我一直自我警告说，现在的方向是错误的，如果要纠正，该怎么做。同事们一开始可能不理解我的用意，后来就渐渐明白了我的想法，我让企业一直处于充满危机感的意识中。先是吹风，让同事们知道我在想什么，然后，待时机成熟，我会提出一个具体的实施方案。回顾公司发展的足迹，很多次重大的改革都是以这种方式进行的。我想，企业最高经营者的作用就在于如何引导变革。

总部是培养专家或经营者的地方

店铺既是店长工作的始发站，同时也是店长的终极目标。店长必须以自己是这家店的主人的心态，依靠自己的力量来经营店铺。那么，总部的人应该怎么办呢？

公司在快速成长的过程中，积聚了相当一部分优秀的人才。我希望能够形成一个智囊团队，实现对公司经营的团队领导。这是我们的一个努力方向。现在，我们还停留在各自为政、单打独斗的状态，这也是公司进一步发展的羁绊。加强彼此间的联系，组成团队，对公司整体业务有一个掌控是我们今后要解决的课题。对于这个问题，我现在还在思索和探讨之中。

我想，把自己当作自己工作的“老板”，这种自我定位和思考方式，是适合总部所有工作人员的。“老板”在自立、自律的同时，还必须和其他的关联部门实现“同步化”的工作。如何齐头并进地开展工作，提高工作效率和效益，进而实现对店铺的有效支持，是公司总部应该考虑的问题，以及总部应该发挥的作用。现在这个阶段，正是我们朝这个方向努力的节骨眼上。

有很多优秀的人才中途加入我们公司，其中一条重要的原因在于，他们想在不久的将来成为经营者。经营者不是靠书本知识可以培养的，经营者一定要有实践的亲身体验才能悟得。要多建立像在英国和中国那样的法人企业，以及以“SKIP”品牌名开始食品事业的 FR · FOOD’S 那样的子公司。这样，才能从实践中培养出一大批经营人才。建立能让具有优秀素质的人才成长为经营者的环境，是培养优秀经营者的唯一途径。培养经营者要像培养运动选手一样，必须趁年轻、有成长潜力时开始培养。

纵观现在日本的一些大企业，让年轻人成为经营者的机会实在是少之又少。而我们公司的体制是，只要这些人有真才实学，有发展潜力，就可能被培养成经营者。例如担任社长的玉塚、担任常务董事的堂前和森田，以及去年[①]成为公司董事的大笘，还有曾担任中国分公司代表的林先生，这些人都是30~40岁的年龄。有经营能力的人，只要给他锻炼能力和施展才能的环境，就能够脱颖而出。

但是，有一点必须注意。经营不但需要头脑，还必须同时具备执行能力。脑子好的人，往往认为只要拿出一个好的方案就是完成了任务。其实，这些只是纸上谈兵。一个可以执行的方案，一定是边执行边修正的，能够执行的计划才能称其为计划。在执行的过程中，获得“体会”是最重要的。

进入总部工作的很多人，都抱有将来成为经营者的理想。如果你不想成为经营者，那么另一个途径是成为某一个专业的行家，走专业路线。无论将来到哪里工作，你总是某一领域的专家。例如，从事广告宣传，那就一辈子做这个专业，达到炉火纯青的专家水平；如果做财务，就把这个专业做到极致。所以，在公司总部工作，不外乎两种选择：做经营者，或成为某一专业领域的专家。

① 指2002年。——编者注

不需要半吊子的企业管理人员和专家

不同的公司，在人才培养方面的做法各有千秋。有些公司认为，一个员工若在一个部门里待的时间过长，会成为专业傻子，所以，每三四年为一个周期，要让员工换一下工作岗位。而有些公司，在同样是培养专业人员的问题上，究竟是培养什么都懂的复合型人才，还是培养精通某一领域的专家型人才，为此备感迷惑，举棋不定。

而我则认为，对一个企业来说，复合型人才和专家型人才都是不可或缺的，两方面的人才需要同时培养。如果一家公司光有只能应对一个功能的专家型人才，有许多问题是无法解决的。

比如一家出版社，编辑非常棒，但如果没有懂出版、流通、印制、设计，以及市场的人，光有编辑是做不成一本出版物的。如果真想成为非常专业的编辑，你还要了解、学习除了书籍编辑以外的各个相关领域的知识。只是伏案专事编辑的人，工作的发展性及前途都会受到限制。

如果自己没有要成为在这领域里的屈指可数的专业人员的志向，你的附加价值就无法增加。如果你想把编辑作为你终身的职业，那么你就必须立志成为日本编辑的第一人。反过来说，如果你成为这方面的精深专家，你也势必会对周边许多相关的复合型领域产生兴趣，并产生对其进一步了解的欲望。

不管是某一方面的精深专家，还是什么都懂的复合型多面手，我认为，应该做的事从结果上来说是一样的。“我是多面手，我什么都能干”，但什么都是半吊子，也是无济于事的。

从另一个方面来说，一个人要样样精通是不可能的。对工作来说，重要的是要有一个团队，团队中的成员各有所长。在商业世界里，凡人也能成就非凡的事业，就是因为有团队的力量。把具有各种才能的人聚合在一起，就能取得一加一大于二的效果。

用 9.9 秒的时间跑完 100 米，需要非凡的能力，不是常人能够做到的。但是，如果是做商业，用众人的力量来完成商业意义上的用 9.9 秒跑完 100 米的目标，还是有可能的。这是因为，在一个团队中，让每个人发挥各自长处的同时，强化整个团队的力量平衡，只要方向正确，用 9.9 秒跑完 100 米是有可能的。

组建团队的秘诀

首先，组建团队必须确立明确的目标。

与组建运动队一样，重要的是必须有赢得比赛、争取优胜的目标意识。就像踢足球，现在是 JFL[①]，要有向 J2[②]，再向 J1[③] 挺进的坚强信念和目标。做生意也是这样，必须有明确的目标，然后将一群志同道合的人组合在一起，成为一个团队，向同一个目标进军。

其次，必须有明确的分工，明确各自的岗位和职责。比如打棒球，有投手和接手，场内外守门员等。足球有前锋、中场、后卫、守门员等，都有明确的分工。每个人都必须具有能够履行这个岗位职责的能力。

再次，必须有明确的做事规则。在此基础上，还必须了解周围同事各自的能量及习性。好比在足球场上，如果球员之间不能相互取长补短，紧密配合，是不可能踢进球，最终赢得比赛胜利的。棒球也是这样，不可能打垒成功。其实，做生意也是一样的道理。

公司初创时期，只有三五人时，只要领导率先示范，身体力行，简单地进行一下指导就可以办成事情，并不需要更多的

---

① Japan Football League 的缩写，即日本足球联赛，是一般社团法人。作为业余联赛，其目的是为日本足球事业的普及和发展做贡献。——编者注

② 日本职业足球联赛第二部，隶属日本足球协会，目前有 22 支俱乐部，职业水平介于 J1 和 J3 之间。——编者注

③ 日本职业足球联赛第一部，隶属日本足球协会，日本水准最高的职业足球联赛。——编者注

语言和数字。当团队增加到 30 人、50 人时，由于领导不可能一直待在员工的身边，所以就需要让大家都了解团队的基本方针、行动指南、战略目标等，来取代领导的作用。一定要让员工们都了解领导的想法、做事原则等，并取得共识，否则，整个团队就不可能劲往一处使。

经营理念是非常重要的，这也是让大家凝聚在这个团队里的理由。没有共同理想，大家不可能走到一起。

所以，我一直认为，每个人都有选择公司的权利，反过来，公司也有选择员工的权利。

我们希望拥有相同文化价值观的人进入公司。如果你进了公司，无法认同公司的经营理念，也不能和公司的其他人取得理念上的一致，不仅你自己痛苦，对公司来说也是种不幸。与其待在这个公司里不舒服，还不如挑一个适合自己的公司去发展。对于团队成员来说，文化的同化是不可或缺的重要因素。如果团队出现不和谐的声音，就不能向前发展。

每天都想改变的组织架构

企业组织存在的目的，在于为了实现企业的发展目标。一旦组织系统成立，有时我们会发现，有很多工作似乎是为了维持这个组织系统而存在的。于是，维持组织的运转似乎成了工作的主要目的。这其实是一个很大的误区，而且企业规模越大，这个错误也就越大。从组织维持法则的角度而言，一旦组织系统成立，相对来说就比较安稳，领导就会追求稳定甚于追求变化。照理，根据社会环境、顾客需求以及社会形势的变化，组织人员配置也应该做相应的调整，但是，他们往往连环境等自身在发生变化的事实都不愿意面对。必须建立进攻型的组织，如果是防守型的组织，只要最低限度的人员就可以了。所以，我一直在想，组织是为了工作需要而建立的，我们并不是为了组织而工作。

我们公司的组织架构经常发生变动。对一些从大企业跳槽过来的人员来说，也许可以说是没有一刻消停过。由于流动变化太快，甚至有人说几乎看不到组织机构的存在。其实，他们说得还不够正确，我认为流动性还远远不足，最好每天都做改变才好。

从本质上而言，组织架构的改变不应该是由上面领导说的，不应该是从上到下的一种改变要求，而是应该由各职能部门的负责人，敏锐捕捉市场的变化，从而向经营层提出改变组织架构的建议，以便更好地适应情况的变化。

其中，有些人看到组织机构图就会觉得有一种安全感。你看，我在组织中是这个位子。尤其是担当一定职位的人，更有一种地盘的稳定感。其实，这种感觉是一种误导。必须认清这只不过是“为了工作的临时身份”而已。

我们最早画组织机构图是在 1990 年 11 月。在左边写上公司的功能，旁边写上该部门的目的、任务目标、指标和关键词，然后在一侧写上该部门的负责人，最后在最右边，赋予这个部门一个称呼。这样的工作一直处于进行状态，既没有结束也没有结论。当时，我知道，如果不持续做这项工作，整个组织就会陷入僵化、停顿状态，就会被社会所淘汰。越是新建立的部门组织，越能很好地发挥职能作用；越老的组织，越与现实脱节，越徒有形式。这是组织无法回避的一种宿命。

零售业的销售活动变化本来就很大，更何况我们是一个快速发展的企业，更有必要频繁地进行组织机构改革。不这样做的话，就会在不知不觉之间丧失一部分的组织功能，从而拖垮整个公司。

在对人的调动上，也要尽可能避免僵化操作，而给予一定的弹性和灵活性。但是，随着企业组织的不断变化，有些人总被调动，有些人几乎原地不动。我们公司的组织结构是非常扁平化的。也就是部长—团队领班—员工（团队成员）的三段制，每个人都面临随时被调动的可能性。

人事调动是由人事董事会决定的，但是，本人也可以对自己想从事的工作向董事会或人事部提出调动的申请。另外，公司还设立社内招聘制度，通过邮件向所有门店及总部的员工发出“现在公司又开设了一个新的部门，有意者请踊跃报名”的号召。

我们设立了每年两次的自我要求调换工作的申请制度，如现在我在做这样的工作，我觉得并不适合，希望换一个工作岗位等，员工可以自我推荐。所以，无论是组织架构还是人事制度，我们都给予一定的弹性，并给予员工双向选择的权利。

季度考评

我们公司每个季度要对员工考评一次。

这也是员工对自己 3 个月来做了哪些工作、取得了什么业绩的一次自我总结和自我宣传。该人事考评表由本人填完后，交给上司（负责考评的人），由上司做出评语，最后由担当董事做出评价。评价完所有员工后，制成一览表，在此阶段，进行整体的平衡和协调，消除部长—董事之间相对的评价差异。最后给予 S、A、B、C、D 5 个档次的归类。该档次的累积将决定奖金与晋升。

首先，将所有员工分为 E、M、S、J、F 5 个级别。这个作为工资水平依据的能力“级别”，并不是看每个人具有的潜在能力，而是主要看他表现出来的能力。是指通过工作，发挥能力，取得业绩的工作表现。举例来说，某个人的级别为M1，季度的评价为AA的话，他这个月的奖金可能就会乘以几倍的系数。对于那些本人非常努力，但并没有取得预期业绩的员工，担任评价的董事就会加上虽然在数字上没有表现出来，但本人确实非常努力，希望给予评价调整的申报意见。我们会召开人事考评专题的董事会。人事考评一年4次，每一次考评，董事会都会开4~5次会议，可见公司对人事考评这一工作的谨慎及重视的态度。董事们的大部分工作，就是对自己管辖的所有人员进行人事考评。

通常，对同一个人的评价，由于评价者能力的不同，会产生评价结论的较大差异。如果评价者本人非常优秀，他可以通过自己的慧眼，以及与被评价者之间的良好沟通，让“评价”这一激励手段发挥最大的功效。反之，若不能体察员工，沟通方式又不怎么灵活，被评价者就会产生“怎么就这么一点好评”之类的失落感。所以，上司与下属之间的沟通是非常关键的。通过“评价”这一行为，我们不仅考察下面的员工，同时也是对评价者能力的一种考察。

我认为，对他人和自己都能做出严格评价的评价团队是有成长空间的。由于他们对自己有比较严格的要求，所以对他人的评价往往也会比较苛刻。对那些评价严格的团队做出的评价，以及不那么严格的团队做出的评价，前文已述，会在制成一览表的阶段进行综合平衡，尽可能做到合理公平。最后的评价结果，都会通过面谈反馈给被评价者。一般与一个人面谈要花费30分钟左右。面谈的内容包括本人原先设定的3个月的工作目标、考评的结果等。被评价者如果没有异议，就会在评价表上签名盖章。

在这个反馈的过程中，双方可以尽情地发表自己的看法。到目前为止，我还没有听说过双方为此发生争执的情况。上司工作的一部分就是要经常启发教育下属。如果在反馈面谈过程中发生争执，则说明上司平时的工作有缺陷，指导教育下属的工作没有做好。

通过评价，可以激励员工更努力工作的积极性，引导员工积极向上，争取上进。同时，也可以通过评价，拉开员工之间的差距。对那些工作卓有成效的员工而言，给予较高的评价是理所当然的。

员工的奖金一年发3次，第3次是决算奖金。决算奖金与公司整体的业绩挂钩。而其他两次奖金由员工的系数决定，与公司年度业绩无关。也就是说，即使公司的业绩出现了下降，也不会影响员工的收入。这个薪酬体系，是以在广岛证券交易所准备上市时，请外部的咨询顾问制成的工资体系为雏形而逐渐修正发展而来的。

人事评价与待遇

在日本，普遍实施的是集体主义教育，到现在还弥漫着“头上不能长角”“和为贵”的社会气氛。在日本的企业文化里，实力主义的观念其实遭到了很多人排斥。

但是，我却始终认为，除了用实力主义来评价员工外，别无他法。且不论是否行得通，我绝对坚持实力主义。试想，如果不是实力第一，聘请人工作的一方和被聘者的一方，以什么标准衡量一起工作的成效？努力工作的人和不努力工作的人，取得业绩的人和没有取得业绩的人，如果都是拿同样的工资，那干得好的人还会有什么积极性呢？当然，评价这一手段和工具，必须运用得当。我们需要在前面所说的人事考评制度的运用操作层面上，增加公平合理性；在与员工反馈面谈方面，增加相互之间的坦诚和透明度。

说得再透彻一点，不管是美国、日本、欧洲还是其他地方，优秀企业的人事评价都应该是“实力主义”的。所以，把日本的经营与之分离出来，本身就是不正常的。例如，有人把丰田视为日本代表性的企业。我认为，在日本，没有比丰田更为严厉的以实力主义来评价员工的企业了。

在一次聚会上，我碰到了丰田的一位董事。他说："日元贬值对丰田而言其实是不利的，企业赢利太多，反而造成员工的惰性滋长。"听了此话，我对丰田的敬意油然而生：确实是一家非常严厉的企业。在这里，说句也许有些失礼的话，大家对丰田的印象是"干毛巾里还想挤出水来"的企业，对外如此，对内果然也是一样。因为是相同的人在经营，因为是相同的企业文化，对内对外都是一样的严格，本来就在情理之中。所以，我认为丰田是真正意义上的实力主义的企业。不是这样的话，企业就不可能在世界范围的竞争中取胜。其中还有一个关键点是，丰田总是用最低限度的人员来实现效率的最大化。无论是支撑丰田的彻底杜绝"蛮干、浪费、随意"的"看板式方式"，以及从超级市场的商品补货系统中得到启发的生产方式"just in time"（准时），都可以说是与"每日进行裁员"的管理理念共通的。

股东资本主义

最近，经常听到对股东资本主义的批评之声。我认为，批评者本身是否定资本主义的。股东拿出资金成立公司，最终从企业赢利中获取利益应该是天经地义的事情。

但是一味强调只尊重股东的说法，不无偏颇。这是完全无视消费者存在的思想在作怪。但如果排除外部消费者的因素，单从公司内部而言，公司的拥有者仍旧是股东。企业的拥有者，除了重视企业效益以外，还必须重视消费者和公司的员工。把企业的拥有者和股东分开单列的做法本身就是错误的。

有企业拥有者和企业经营者为同一个人的情况，也有不是同一个人的情况。但是，无论哪一种情况，他们所重视和追求的东西，应该是一致的。在这个世界上，没有只靠纸上谈兵就能赚钱的生意。对经营者来说，既要重视短期利益，也要放眼长远，重视长期利益。不能兼顾短期和长期的经营者，是不合格的经营者。

当美国爆出安永国际会计师事务所及通用汽车公司破产事件时，就有人说："你看，还是日本的经营好，美国的经营是有问题的。"但是，我觉得不能这样草率下结论。如果日本的企业经营得好的话，为什么日本的经济到现在还是这样低迷呢？在美国既有好的企业，也有不好的企业，这个情况全世界都是一样的。而员工们拧成一股绳，埋头苦干，努力提高企业效益的企业就是最好的企业。

但是，日美企业比较下来，存在明显差异的地方是，美国具有奖惩分明的文化。美国的这两家违规操作的公司，做了资本主义社会不能容忍的事情，所以经营者必须坐牢，公司被迫倒闭。但是，这样的事情如果发生在日本会怎么样呢？可能会让公司存续，会借孙悟空的金箍棒对企业进行重组或并购。而这样做是完全违反资本主义理论的。不赚钱的公司，应该在其坏影响扩散之前，就被清算掉。不建立赏罚分明的制度，老老实实、认认真真做事的人就会越来越少。

因被肯定而工作

人在工作的时候，促使其努力工作最大的动机是，希望得到他人的认同与肯定，被人正确评价。我们公司经营理念的第10条内容是："要光明正大，赏罚分明，提倡彻底的实力主义。"没有这一理念是没有人肯为你工作的。以彻底的实力主义作为对员工评价的依据，可以提高员工的工作动力。

有人说，在评价的过程中，能够很好表现自己的人可能会得到比实际能力更高的评价。我认为这种说法是错误的。如果你没有什么能力，或者说没有你口头上所说的那种能力，即使你说得再好，短时间的伪装能够蒙混过关，时间一长，几个月相处下来，你的能力究竟如何，大家都是有目共睹的；而且，这种信息还会传播。

一些大企业内部的信息沟通完全靠报告制度，是报告和批复文件的周而复始。精于报告的人往往更容易早日出道，而且上司也往往会被这样的下属蒙骗。而我们的公司是重视实际苦干的人，对一些精于报告的人反而产生戒备心理。我们认为，实施真正意义上的实力主义是非常重要的。

上司对下属的评价能力也是一个问题。假设现在有一个比上司更有实力的下属，提出了与上司不一样方向的建议，只要这个下属确实有能力，那么我们就构筑这样一个环境，给予其充分的时间和空间，让这个“出头的桩子”健康地成长。

但事实上，工作不是那么简单的，即使具备实力，要在一朝一夕的短时间内超越上司也不是一件很容易的事。

在现实社会中，要得到百分之百公平、公正的评价也是很难的。越是真正的、优秀的、拼命干的上司，他对自己非常严格的同时，对下属也往往会非常严格。相反，对自己不怎么严格的上司，往往对下属也比较宽松。这种倾向是客观存在的，没有人能做到完美。所以，评价的“公开性”和“透明性”是非常必要的。

进一步说，“评价者和被评价者是平等的”这个意识，必须扎根于全体员工的心中。

一人说了算的经营会导致企业过早僵化

企业的创始者、元老、优秀的部长、优秀的专业人士等，不管是谁，可以被称为独裁者的领导者在公司里比比皆是。

在这种独裁者手下工作的下属，也就是充当“手和脚”的人，随着公司的发展，也会成长。那么，之后会发生什么样的事情呢？那些成长后的人也会像那个独裁者一样，开始发展自己的“手和脚”。我是头脑，你们是手脚，快干！于是，就把自己当手脚时接受的命令拿出来，毫无创意、毫无突破地要求现在的“手脚”重复过去的程序，久而久之，公司的经营水平越来越低下。

“独裁经营等于人才手脚”论，在公司初创阶段，能够实现最大的工作效率；但随着时间的推移，其官僚僵化的副作用也会逐渐显现出来。经营上如果开始僵化，那就离破灭不远了。一切都由一个人说了算的体制，会导致组织过早僵化，并且也不利于企业培养经营接班人。

人都有高峰的时候，那时可能会取得成功。但是，随着年龄的增长，会渐渐走下坡路。这也是人的一般自然规律。有些开拓了行业先河的经营者，在行业的历史上留下了赫赫大名，但在晚年引退时却做出一些令人扼腕的事情。有些经营者，为了让自己的儿子继承家业，把本来很有能力的二把手发配到子公司去，结果迫使后者不得不递交辞呈。这些经营者真的是在为公司的发展前途考虑吗？我不以为然。

真正的领导不用在卖场

我与新兴产业，尤其是软件开发的高科技行业的人闲聊，会听到这样的抱怨："不断有各种各样的人才进公司，但大家都不知道明天会怎样，没有方向感地在做今天的工作，而且安心坐下来干活的人少了，见面不打招呼的人多了。"在终身雇用大旗下的大企业，即使经过了组织再造，还能看得到同样的场景。

听到这类事例，我想到的是，员工不打招呼也好，上班定不下心来也好，责任在于领导。领导应该有教育下属的责任。不能及时教育下属，纠正下属不良习惯的领导，就不是真正合格的领导。把问题归咎于终身雇用大前提下，或传统日本式经营美德的丧失，只不过是领导及经营者逃避责任的借口而已。

不过，在高科技领域，是不存在终身雇用这一前提条件的。因为，尽管是把一种技术作为工作的主要支柱，但如果某一天突然出现了另一种技术，而这个公司或事业却不能及时转型，那就结束了。从事这项工作的人同样如此。专门从事大型的通用计算机编程的人，可能就会跟不上现在的个人计算机或自动化机械，以及技术革新等技术发展。若不经常抱有这种“也许现在自己所从事的工作在某一天会被时代淘汰”的危机感，不努力学习新的技术，总有一天就会从前线被撤下来。高科技行业就是这样一个不断发生变化的行业。我们公司也是如此，虽然表面上看起来一切风平浪静，但必须要有一个“假想的敌人”，使自己时刻绷紧神经。

我们公司是不主张终身雇用的，所以和一些传统的大企业相比，也许人员的进进出出比较频繁。不管是公司方还是个人方，在进出公司这一点上是完全自由的。公司虽然希望有用的人才能够留下，但绝不强留，而是尊重其个人的选择。尤其是对那些在与团队成员的沟通上存在障碍，对公司的企业文化水土不服，或觉得自己的方向选择出现问题的人来说，公司更是觉得留着他们也没有意义。而对那些有能力的优秀人才，公司要打造的是，能让他们拿到与其能力和业绩相匹配的薪资体系，能让他们实现自我价值的工作环境。我们所考虑的企业与个人的关系，是一种相互之间具有紧张感的对等的关系。

女性职工

我们公司有很多女性员工，但是，担任部门领导的只有3位，部长以上职位的一个也没有。从外面的人看来，我们公司和其他日本传统的大企业一样，男性占到绝对主流地位。经营理念的第21条是这样写的："要消除人种、国籍、年龄、男女等的所有差别。"我们在薪资体系上，男女也是平等的，为什么女性领导这么少，我也觉得很遗憾。我希望女性员工能够更活跃一点，而公司在营造让女性员工更好地发挥作用的环境方面还需要进一步下功夫。

最大的课题，还是女性员工的结婚和生育。公司应该多创造条件让女性员工在考虑个人生活环境的同时，可以兼顾工作，而不是一定要辞职回家。我希望女性员工中能脱颖而出一批可以成为广大女职工榜样的董事或管理者，如果觉得在以男士为中心的环境里工作不方便，我甚至在想专门组建一个女职工团队，使她们工作起来没有那么多顾忌。

有业务往来的公司大多也是以男性为主，虽说不是完全没有女性管理者，但对她们总有些另眼相待。公司的结构本身在这方面还没有完全改变。

从公司中男女发挥作用的方面来考虑的话，其实和10年前，甚至50年前几乎没有什么变化。或者说现在还是老的一套。社会和公司组织，也因为女性的结婚和生育，而认可其劣势的一面。所以，如果不积极地创造环境、建立制度，这种认知就永远改变不了。

日本因少子化现象，已经有劳动力人口逐渐减少的趋势。在这种情况下，若还不充分发挥女性员工的作用，情况将会越来越糟糕。

在我们公司，也因为结婚和生育，女性职工（店长）的离职率很高。特别是优秀的女性店长和不怎么优秀的男性店员结婚，结果优秀的女性店长辞职了，男性店员还留在公司里，真让我遗憾得不得了。这不是笑话，真的让我很忧心。不可理解的是，即使是优秀的女性，想成为家庭主妇的愿望也会非常强烈。我认为应该建立一种机制，让想继续工作的女性，可以不辞职，兼顾家庭和工作。

我们的优衣库商品分类中，还有女装和童装，购买这部分商品的顾客中，女性占绝大多数。食品专卖子公司FR FOOD'S的顾客基本上也都是女性。从接待这些顾客的角度而言，我认为我们公司男职工多可能是个问题。例如，新宿三丁目的店铺尽管是以女性为目标顾客的，但几乎没有体现出公司中的女性职工的意见。在商品的规划上，也是准备多关注更适合女性需求的商品，但负责这些商品规划的市场总监是男性职工。所以，我总觉得在这些环节中，哪里出了问题。

只是，也有男性做专门针对女性的杂志取得非常成功的案例。并非因为读者是女性，就非得女性来做。女性服装也并非一定要女性来设计。但是在日本的企业中，不管是制造业、服装行业还是零售业，男性占大多数是不争的事实。但是，从全球的时尚业来看，活跃着的女性的比例还是很高的。

最近在报纸上看到，有些女性职工人数超过一半，在公司内部甚至开设了托儿所的公司多起来了。但听说也产生了另一方面的问题，在“保护女性”“女性优先”的氛围里，女性反而有些被娇纵了。对工作的专注度降低，工作责任意识下降。所以，建立形式上的方便女性就业的制度是一回事，增加女性的事业心，培养成为女性职工模范的女性骨干是另外一回事。建立女性人数过半的团队，是让有能力的女性骨干脱颖而出的一条捷径。

太太突然说想去做女演员，怎么办？

劳动力人口的持续下降，女性和男性职工必须终身工作的时代必将到来。今后这方面的形势会变得越来越严峻。而另一方面，女性本身也会意识到自己更宽泛的生存意义，会越来越多地考虑自身在社会中的作用和贡献，不再仅仅满足于家庭和自己的兴趣。

有一位协助我们人事方面工作的男士曾说起过这样一件事。他今年48岁，他的太太42岁，有两个在读高中和初中的女儿。他经常对孩子们说，将来必须自立自强，自己的前途必须靠自己去开拓，等等。可是，突然有一天，他的太太对他说，想去做演员，试镜已经通过了。还说，做演员是她少女时代就抱有的梦想，一直拖到现在，总算有了机会，于是就去试镜了一次，居然通过了。因为这位朋友平时在家，总是说人应该自立，现在面对太太这件事，又不能跟她明说“你不能去”，因而非常困惑。

这种事如果发生在别人身上，也许大家会说，真了不起，42岁还去当演员，很有意思啊。但是，如果发生在自己太太身上，我想很多人会像那位朋友一样不知所措。

以前，女性在公司里的工作大多是倒茶水、做接待工作等。但是我希望她们能够像男性一样非常干练地处理各种业务。初衷是男女平等，适用实力主义第一的评价标准。

我们公司以实力主义第一而自我标榜，也就是说，无论性别，一律刚性地用实力和业绩来进行考评。但是，后来发现，女性职工还是有其特别之处的。其中有许多微妙的地方，在实施中，有许多实际的问题。事实上，我们公司也还在努力探索之中。

我曾经问过一位女性管理者：“想让公司所有的女性职工更好地发挥作用，有什么锦囊妙计？”得到的回答相当明快：“男士不用对女士特别照顾、另眼相待。是女性就应该享受特殊待遇的想法是不对的。如果不消除这种特别处理的想法，女性就不会好好成长。”对一些优秀的女性来说，你对她特别照顾，她反而会认为你在小看她。我们曾对女性不能很好发挥作用的原因进行过研究，发现问题的根源还是在男性上司这边。因为你们把她们看作是应该得到照顾的一个群体，这对女性是有负面影响的。应该让女性像男性一样投入工作，杀伐决断，而在生理期内则给予充分的关切和照顾。我想，我们有必要对这些女性的男性上司进行这样的培训教育。

曾听到一个百货商店男性楼长的故事，说是他对所管辖的女性员工的生理期都了如指掌。女性在生理期，容易犯低级错误，容易无精打采，容易情绪波动，等等。虽然因人而异，但各种情况都可能发生；昨天还好好的，今天态度和行为可能就会发生改变。对女性这些特殊情况的留心及关注，也是上司的工作内容之一。像这样一个实实在在的楼长真的是一位好上司。

把女性当公主一样另眼相看，对男士来说，似乎是一种风度。但离真正意义上的“重视女性”其实还有很大的距离。我想，女性遇到生理期，对男性上司坦率地说明，男性上司也坦率地回应，这应该是可以办到的。承认性别上的差异，然后在平等的立场上共同工作。能够做到这一点，那么女性的活跃度可能会得到进一步的提升。

本来，在日本社会，出色的女性，成为主角的女性就非常稀缺，迄今为止，也从来没有人把这个问题作为一个社会问题提出来让大家讨论。应该在高中和大学阶段，教给学生们女性和男性的生理区别，告诉大家在一起工作时必须留心的注意事项，然后进了企业，再次受到这方面的教育培训。我想，这个应该是大家所追求的一种境遇吧。

股票交易的现实

我虽然没有好好调查过，但在证券市场里，似乎也是男性占主要地位，女性若做交易员或资产运作专家就会成为大家的话题。虽说最近的交易单位越来越小额化，但离女性能够自由自在地享受资产交易的快乐还有漫长的路要走。

即便现在可以很方便地进行股票交易，但是现在证券市场的机制决定了股市不是普通老百姓能够赚钱的地方，所以他们也会很快退出这一市场。现状是，在证券市场里的不是个人投资者，而是个人投机者及机构投资者。个人投资者，是看了媒体和报纸的证券栏目的消息买入股票的，往往买在高位。而个人投资者又往往抛在低位，于是被机构投资者捡去，然后取得收益。当然，当行情不好时，机构投资者也会产生亏损。在泡沫经济崩溃之前，日本的证券市场就是这样一个图景。

任何上市公司都希望能够做到信息公开、信息对称，所以在决算发表后，都会召开小型的股东大会和新闻发布会。在会上，企业的经营者会就公司的经营现状向各与会者做介绍，并且把信息在公司的网页上公布，在媒体的发布会上公开。但是，我认为即便这样，还是让机构投资者占了先机。

机构投资者会把股票捂上 2 年、3 年、5 年，作为中长期的投资。而个人投资者则希望买进的股票能够立刻上涨，然后，听凭自己的情绪波动，频繁地买进卖出。看到每股 1 000 日元的股票涨到每股 4 000 日元，听从了推荐买进，然后跌到每股 700 日元时慌忙卖出。这样反复的操作，其损失可想而知。其实买卖股票不能这样。在买股票前，要充分研究该上市公司的情况，包括事业环境及财务状况，然后对该企业做出 5 年后、10 年后的成长预测，再去购买。这是非常重要的。

比如媒体报道，若说美军攻打伊拉克还需很多时日，股价就会应声下跌，但如果说，美军离巴格达只有 30 千米了，股价马上就会掉头向上。所以说，很多人做股票都是太近视了，只看眼前。结果造成了损失，又会形成对证券市场的偏见和误解。所以，我希望能够建立和形成真实反映该上市公司价值的机制，以及能够让一般老百姓更方便、更容易地进行股票交易的机制。

第五章

希望之芽

• 生意，就是在不顺利时对“怎么做才能见效”的不断挑战和尝试。从这个意义上说，成功有时反而会成为再上一个台阶的阻碍。

• 离卖场越远，越容易发生为工作而制造工作的危险现象，这是绝对不容许的。

摇粒绒衫的网上销售

我们是通过销售摇粒绒衫获得成功的。其实在摇粒绒衫开始热销的几年前，我们就一直在卖这种商品，在此过程中，我们发现市场对摇粒绒衫的需求远远大于我们的预测。摇粒绒自身的特点是既轻巧又保暖，是冬季服装的最佳面料。非常幸运的是，我们把以前人们作为登山服，或兴趣爱好的特殊服装，用谁都能买得起的价格，使其成为一种大众商品。原宿店开张时的电视广告等开店酬宾活动也取得了很好的效果。恐怕像我们这样原来只卖西服的商店，竟然在全国搞起摇粒绒衫的开店活动，在日本还是第一家。我想，能够挖掘出像摇粒绒这样的未开发商品材料的潜在需求，并在市场开拓上有效突破的话，任何一种商品都可能有市场。

通常，我们在做一件新的事情之前，总是要做许多准备工作，如制订计划、假设某种情形出现等。但是实际运作起来，往往会与原先的设想大相径庭。但是，在这个阶段，绝对不能就此死心。当计划和实际情况不一样时，最要紧的是赶快对该现实问题制定对策。要尽快发现计划和设想出现的问题，并马上修正。所以，必须尽快认识到“失败”。大多数人往往很难意识到实际上的“失败”，一味任坏局面发展。而且，越是对自己能力有信心的人越容易这样，总觉得原来的计划和设想应该是行得通的。

我们在摇粒绒衫这种商品上成功了，但在其他方面，我们遭遇了不胜枚举的失败。我们是一个经过了重重失败，在失败中学习成长的公司。正如我反复强调的那样，比起成功来，失败让我们学到的东西更多。当然，成功让我们知道了做到这一步的可能性，可以让我们振奋精神，鼓足干劲。当初我们对摇粒绒衫销售量的预测是至多几十万件，谁知 1998 年卖了 200 万件，1999 年卖了 850 万件，这已经是非常了不起的数量了。而 2000 年秋冬竟然卖了 2 600 万件，这是谁都不曾预料到的。

2000 年 10 月 18 日，我们开始做网上销售。在电子商务的交易网站上，一开始的点击率就达到排行榜的第 3 位，仅仅

5 天后就达到 38 万人次的点击量。第 1 位是雅虎，第 2 位是乐天，而这两个网站是人们检索和进入购物网站的主页面，所以，实际上我们公司的点击率是最高的。

要把 51 种颜色的摇粒绒衫全部放在店里展示是有困难的。所以，网上是以 18 种颜色为基本色，然后每周增加 3 种颜色，跨越 11 个星期进行销售。电视广告片是这样表现的：仓库里面，弯弯曲曲的旋转的轨道上吊着钓钩，钓钩挂着 51 种颜色的摇粒绒夹克，一件一件随着音乐声滑落下来。这个场面非常新奇，很具视觉冲击力。有媒体报道说，这种做法完全颠覆了人们对于服装，总是要具体看到、摸到才会买的传统观念。作为一种新的销售渠道的网上销售形式，色彩缤纷的摇粒绒这一面料，以及把网上销售的概念表现得淋漓尽致的电视广告片，由于这些元素的倍增效果得到了充分的表现。

实际上，关于网上销售，我们并没有准备很长时间。1999 年秋天刚开始进行目录邮购，可以说，网上销售是目录邮购的一种延展。我们对它的定位是，能够与目录邮购形成一种倍增效果就好。从准备到实现网上销售仅用了短短 3 个月的时间。

我觉得，现在如果仅依靠网上销售还是非常有局限性的。虽说已经到了做生意离不开网络的时代，但不管是目录邮购还是网络直销，所占的销售份额还只是停留在 3% 左右。但是，从信息发布和传播的效果来看，网络作为一种新媒体，其优越性是不可估量的。现在，那些在网络上看到信息，然后到实体店里来购买的人越来越多了。

“从失败中学到的教训”

以前，我们优衣库的标准店是开在城市的郊外，面向主干道的所谓的“郊外型”商店。现在基本上都是在市中心，开在购物中心、百货商店、车站广场店里。人们都以为我们在 1998 年 11 月开的原宿店，是优衣库都市型的一号店，其实不然，它是第二家开在市中心的店。

优衣库都市型的一号店其实是大阪的美国村店。也许地段位置太差也是原因之一，总之完全卖不出去。而在我看来，销售不好的主要原因还可以归结为，采用了和郊外型店铺一样的开店方式和销售方式。在开店宣传单上，也是把所有的商品都列在上面。其后的宣传单，也是用特价方式介绍商品，如平时 1 900 日元的商品，在双休日只卖 1 000 日元等。给消费者的印象是，不知这家店究竟是卖什么的，与单纯的低价折扣店没什么两样。

若是郊外型商店，必须把握几千米半径商圈内的“潜在顾客”的人口数量，然后有效地发放宣传单。在此过程中，根据实际情况不断调整发放的宣传单的数量和范围，不断积累经验。但是，都市型商店就不能沿用此办法。都市型商店，由于其商圈是不固定的，所以宣传单基本无效。譬如说，原宿店的商圈是整个日本，你如何发宣传单呢？在都市里，各种商店林立，商品五花八门。所以，你的商品必须有一定的集中度，让人们的目光有一个聚焦点，然后进行大范围的广告宣传。如果沿用郊外型商店的做法，则必死无疑。正因为有了大阪美国村店的失败教训，所以，我们原宿店的开店策略就是把商品聚焦在摇粒绒衫上，并开展全国联动的摇粒绒衫开店酬宾活动。

从美国村店吸取的另外一个失败教训是，比起按照年龄和性别对这么多商品进行分门别类的销售，像摇粒绒衫那样不分年龄、不问性别、面向非特定的大众进行的销售，绝对效率更高。

优衣库的休闲服必须涵盖所有人群，跨越年龄、性别，甚至无视国籍、职业、学历等，真正做到这是属于大家的服装。所以，要实现这个想法，摇粒绒衫是最符合这个要求的商品。为了向大家传递这个想法，在电视广告片里，让音乐家、学者、一般老百姓，不论性别、年龄，从小学生到老人，各种各样的人都在广告片里露面，取得了将此想法广而告之的效果。

成为下次实践参考的经营

我们公司经营理念的第12条是:“要对以往的成功和失败进行彻底的分析和记忆,作为下一次成功的参考教材。”现在,就让我们来思考一下摇粒绒衫的成功经验到底给公司带来了什么,引导公司发生了什么样的改变。

优衣库在此之前几乎没有知名度,由于摇粒绒衫的推广成功,一下子成为日本家喻户晓的企业。人们说到优衣库,就知道这家公司是干什么的了。

另外,产业界和经济界对企业本身的认知度也提高了很多,优衣库获得了高于一般零售业和时尚业的评价。幸运的是,由于掀起了摇粒绒衫的热潮,1997年4月刚刚在东京证券交易所市场第二部上市,根据热潮开始后的1998年秋冬季的盘点业绩,我们在1999年的2月就转到东京证券交易所主板市场。恰逢公司的成长期,我们抓准了摇粒绒衫的推出时机,引发了摇粒绒衫的销售热潮,在全国引起了很大的反响。其倍增效果,就是让优衣库成为大家公认的日本创新型公司。

如前所述,由于公司的快速发展,许多优秀的年轻人才陆续加入了公司。其中,有很多传统意义上不可能进入零售业或是商业的人才也都相继来到了公司。

摇粒绒衫的成功，使我们开发新店也变得容易了。在此之前，我们在关东中心部是没有店铺的。原宿店开张后，开新店的速度明显加快，很多百货店以及 JR 铁道公司等都向我们发出了开店邀请。店增加了，公司人员力量也加强了不少，一时间，可以说是兵强马壮。

员工的人才厚度可以用公司的规模来衡量，也许这种观点会引起一些不同的议论。但是，从公司的人员成分来分析的话，1990 年前后进公司的人才都是一些小的个体经营者，或是从小企业中过来的；1991 年 9 月正式开始进入连锁经营以后，一些中小型企业、优秀企业的人才开始陆续进入公司；广岛证券公司上市以后的一段时间，公司进入了短暂的停滞，这时又有一批胸怀大志，想干一番大事的人才进入了公司；此后的摇粒绒衫热潮里，更是有一些人才从大企业跳槽过来。

在此成长过程中，当然也有一些人离开了公司。有些是因为跟不上公司发展的步伐，有些是因为工作的质量和强度被要求提高后力不从心。还有一些在公司上市前参加职工持股会的人员，在公司上市后，获得了很大的资本收益，有人在获得了几千万日元收益之后，不愿再工作而离开了公司。还有一些比较保守的人，因与公司的快速发展不合拍，自我感觉变差而离开了公司。由于人的想法是各种各样的，他们要离开公司也是无可奈何的事情。

成功中隐藏着失败的胚芽

反过来说，由于摇粒绒衫的成功，人们对事物的感觉开始发生偏差，不能顺利推进的事例也是有的。

优秀的人才加盟固然是一件好事，但在连续 3 年的摇粒绒衫热销行情中，由于其他商品的连带销售也受到了倍增效果的影响，于是，其中一部分人产生了错误的想法，认为做生意是很简单的，只要商品能及时补货，无须吆喝都能卖掉，好像商店变成了自动售货机。还有一些人重视形式甚于内容，认为只要销售好就行了，一俊遮百丑。于是，热衷空谈的人出现了。还有一些从大企业过来的人，本来应该怀着一切从头开始的心情工作，却带来了原来大企业的一些惯性做法，不思进取。公司原本应处于大变革时期，却发现一些保守主义的想法开始露头。

获得成功也就意味着保守的开始。人们开始希望维持原状。所以，成功也是孕育僵化、保守化、形式化、拖拉化的温床。这对进一步取得生意的成功是非常不利的。生意，就是在不顺利时对“怎么做才能见效”的不断挑战和尝试。从这个意义上说，成功有时反而会成为再上一个台阶的阻碍。

从生产环节来说，由于供不应求，一直需要追加生产；而在销售环节，即使店铺成为自动售货机，不再需要员工动脑筋，商品也能卖得很好。在这种情形下，作为经营人员就要思考，目前的这一切只不过都是因为摇粒绒衫的畅销带来的效果，不能陶醉其中，必须尽快拨正航船的方向。不管销量上升还是下降，都要保持冷静的头脑，客观地分析市场，慎重地做出判断和决策，而不能被胜利冲昏头脑。

当然，我们对形势的分析、反省不能偏离方向，脱离实际情况的分析而导致的决策和行动，只会加重伤势。

不管怎么说，再好的宴席也有曲终人散的时候。摇粒绒衫的热潮终于谢幕，公司进入了成立以来的又一次停滞期。门店的销售也开始大幅下降，出现了同比负增长。与其说这是因为人们开始对摇粒绒衫产生了审美疲劳，还不如说是因为新产品的开发没有跟上，也可以说是因为摇粒绒衫的成功带来了“错觉”，而贻误了下一轮新的发展。

组织机构一旦变得庞大，人们就很容易滋生求稳妥的想法。我本人是从小企业出身的，所以，倒是一直希望能在不安定的环境中谋求变革。

最近发现，越是年轻的人越容易追求稳定：不希望到第一线去，希望从事管理工作；不希望干具体的工作，希望做一个考评人的经理，等等。可能他们产生了错觉，认为管理者不用自己亲自做工作，把事情交给下属或其他人去干就可以了。

本来，我们所有的工作都是以顾客为中心的。如果管理者的工作只是检查手下的人干得如何，就会把顾客放到次要的位置，久而久之，甚至会把顾客抛到脑后。

反过来，如果远离卖场，不接触顾客，不知道顾客在想什么，不接触商品，不知道商品是否热销，又如何去指导下属，做出正确的指示？所以，离卖场越远，越容易发生为工作而制造工作的危险现象，这是绝对不容许的。

如果员工人数少，公司规模不大的话，我一声吆喝就能及时修正公司运行的轨道；但随着公司员工人数增多，这一招已经不奏效了。有时提过也就提过了，大家当其是耳旁风。

交班给年轻社长

我请求玉塚接手社长的职位，是在 2002 年 5 月上旬，是在请求当时担任副社长的泽田出任这一职务，但被拒绝之后的选择。泽田想实现自己从零开始创办公司的梦想，所以在 5 月末辞掉了副社长的工作，玉塚君从 6 月 1 日起接替副社长。在 11 月的股东大会后的董事会上，玉塚被任命为公司的社长，我担任公司的董事长。

就这样，以玉塚为首的年轻人经营团队站到了起跑线上。这个年轻的经营团队与下面的门店人员一起，建立起以顾客主导、卖场主导为轴心的新经营体制。经营者必须经常出现在卖场，观察顾客的新动向，自己亲自发现问题，进而解决问题，还原生意和经营的本来面目。

卖场的管理者，多为二三十岁的年轻人。所以，经营者的年龄如果不能与他们同时代，也必须是在40岁上下为好，否则很难融入他们，与他们汗往一处流，劲往一处使。

这一点，也许大企业的职业经理人不能理解，但我认为，这是经营者本来应有的姿态。由于我自己就是从小企业一切都亲力亲为做起的，这个想法根深蒂固，且有深刻的“切身体会”。

日本的企业与过去相比已经改变了许多，但是，一般做到中层管理人员还是要到40岁左右，部长过50岁，董事在55岁以上才有可能。金字塔的组织架构决定了员工要想出头，只能依靠升职，别无他法。下面的人一边觉得自己升职路途遥远，一边在下面抬着轿子。这种体制，决定了经营毫无灵活性可言，与随着顾客的反应和环境的变化而灵活对应的快速弹性反应体制相比，实在是相去甚远。

从日本走向世界

随着摇粒绒衫的成功，公司内部保守主义思想有所露头。为了打破这一现状，必须向新的目标挑战。这新的目标就是到英国伦敦和中国去开店。

其实，国际化并不是新话题，我很早之前就一直在说。如果把东京证券交易所上市比喻为国家队比赛的准优胜，那么摇粒绒衫的成功就是取得了国家队的优胜，接下去的舞台应该是进军奥运会，也就是说，优衣库应该拓展到国际市场中。我内心的目标是，当销售额达到 3 000 亿日元时，就到海外市场去发展，我对员工们一直是这样说的。

由于达成 3 000 亿日元销售额目标所花的时间好像要比预想的少得多，我做出决策："既然这样，那现在就开始干吧。"其实在 2000 年 6 月，我已估计下一决算期实现 3 000 亿日元的销售可能性很大，所以，作为今后店铺拓展的基石，我已经在英国伦敦设立了子公司。2000 年 8 月，我们实现了 2 289 亿日元的销售，同比增长 106%，税前利润 604 亿日元，同比增长 327%。

今天，当我对这一段时期的事情进行反省时，觉得当时的自己也陷入了一种疯狂的泡沫之中。因为在国内取得了成功，就轻易地认为可以到海外去发展了，以为把日本的成功拿到海外复制就可以了，其实是大错特错。有“形”无“神”，等于没有灵魂。更何况拿过去的“形”，也并非是百分之百的“形”。毫无疑问，伦敦的开店并不顺利。

为何到伦敦开店

我经常被人问起，为什么第一次跨出国门，要选择伦敦，不是还有美国等国家和地区吗？因为我一直想到国际化的大都市去开店，最初考虑的也就是纽约、伦敦和巴黎。

首先分析一下纽约的情况。因为美国市场实在太大，优衣库是否有实力在美国拓展是一个问题。要想在纽约市场取得成功，必须在很短的时间内至少开出 200 家店。参考日本的开店经验，在某一个地域集中开店，当门店数达到一定数量后，销售会一下子上升，即所谓的统治优势现象。纽约周边大概和关东地区的商圈相似，所以必须开一样多的店。如果用 3 年时间开不了 200 家店，就不能被消费者认知，也就不能取得这场战争的胜利。纽约必须为优衣库在整个美国的发展打下基础。而我的判断是，目前的优衣库还不具备打赢这场战争的体力和能力。

巴黎，基本上是法语的世界，整个社会风气比较保守，对企业的发展而言不太有利。它对作为世界时尚中心的地位非常自负，对外国的企业很冷漠。比如，当意大利的阿玛尼出现在巴黎街头时，遭到了当地人的一致反对。在听到这些行业里流传的对在巴黎开店的评论后，我的结论是，巴黎因其强烈的排外性，不适合外国企业去开店。

伦敦正好与巴黎相反，它以金融业为首，无论哪个行业，都在这里集中了大批的外国企业，是比较开放的，而且只要懂英语就游刃有余。所以，领导层经过多次讨论，从不同的角度研究，最后决定在伦敦开店。

决定开店的城市后，接下来就是决定由谁来担当这个工作。考虑到要精通英语，并且要有在海外创办公司的经验，玉塚是不二人选。他在大学时代还打过橄榄球，身体也很棒；而且为人正直，不管对方是谁，都能堂堂正正地争取自己的权利，可以与英国人抗衡。于是，在 2000 年 10 月，他被委任为现地法人的董事会董事长，前赴伦敦上任。

在伦敦正式开店是在 2001 年的 9 月，也就是说在现地法人成立后花了将近一年的时间。优衣库在伦敦市内开了 4 家店，其后，在英国共扩展到 21 家店。由于一直亏本，2003 年的 3 月我们发表公告，关闭 16 家店，只留下伦敦市内和近郊的 5 家店。而对这留下的 5 家店，我们决定集中优秀经营资源进行重建。其实，在英国的开店失败，在当初开出伦敦市内 4 家店时，已经初露端倪。

败因之一

原先，我一直以为，海外的现地法人，如果不起用当地人来主持，就很难开展工作。由于没有现成的合适人选，只能靠熟人介绍，来寻找经营的领头人物。后来找到的这个人，来自英国的老字号百货商店马莎（Marks & Spencer），据说非常优秀。我面试后也觉得还可以，就让他以自己为中心组建了经营团队。而这，正是失败的开始。

按照我们的眼光来看，他组建的团队非常保守，现在想来，这其实是英国文化使然。即经营团队的阶层、中层管理人员的阶层、店长阶层、店员阶层，各个阶层界线相当分明，等级森严，相互之间设立了一道道无形的城墙。结果，本部的部长在其管辖的范围内，各自建立了自己的小天地，并守护着这个小天地。

这与原本企业所具有的社长和员工打成一片，大家地位平等，拧成一股绳，一起打天下的优衣库文化实在是相去甚远，甚至可以说是两种截然不同的风气，倒有点像英国阶层社会的形态。

经营者和管理人员也俨然是一副大公司的派头，只是以发布指示命令了事，完全没有理会我们公司的“大家一竿子做到底”的理念和文化。我是在聘用他几个月后，在店铺运营的卖场视察时，才觉察到这股风气的。

店内非常脏，乱七八糟。商店员工的培训全然没有施行。当我向他表示，希望能够在运营上多下一些功夫，他却强调了很多原因，列举了许多“办不到的理由”。

由于改革难以推进，在与他多次沟通后，他本人也意识到了我们之间的文化差异，最后我们请他辞去了社长的职务。2001年的11月，对此情况同样深感忧虑的玉塚在担任英国子公司会长的同时，兼任社长。在玉塚与管理层多次面谈以后，不能适应优衣库的做法和经营理念的人逐渐离开了公司。

不管是日本企业还是英国企业，必须按照优衣库的商业做法，在英国取得成功。所以，经营者必须非常了解优衣库的文化，这是理所当然的。优衣库如果不能实现原来的目标，那么到英国来做生意就完全没有意义。

后来，在旁人看来，在英国的店铺得到了改善，慢慢呈现出改革的效果。2002年8月，我让玉塚回日本担任公司的副社长，而让森田担任英国分公司的法人代表。但是，英国分公司的规模大幅度缩小，还有其他原因。

败因之二

我对英国分公司的指示是“3 年里开出 50 家店铺”，以及“3 年扭亏为盈”。这种要求本身是有问题的，责任全在我身上。因为要实现 2004 年年末开出 50 家店的目标，大家就为开店而开店，全然不顾及其他，直冲着商店的数量而去，盲目扩张。

从不动产投资的角度而言，高租金，再加上开店所需投入的人事费、内装工程、信息系统、研修培训等方面，没有“效率”和“效果”判断，反正先投资开出 50 家店铺再说的做法，导致了全军覆没。

从做生意的根本来说，必须先考虑投资的事业何时可以取得回报。即使是开 50 家店，也应该让其中一家店首先取得盈利，然后让这种盈利的机制逐渐扩大到其他的店。而我们的错觉是以为只要开出 50 家店，自然就会开始盈利。我们把事情想得过于简单了，哪有这种好事。

而在这种想法的指导下，“3 年扭亏为盈”也就成为一句空话。我们强调，意识到失败就要快速修正。为此，我们采取了压缩规模的对策。究竟压缩到什么程度可以实现盈利，我们从各个角度进行了研究。

压缩政策很简单：关闭伦敦以外的所有门店；伦敦以内的，或离市中心很远的郊外店，凡是效益不好的，全都关闭。结果，只留下了市中心及郊外效益还可以的 5 家店，其他的都关掉了。

商品规划方面也是有问题的，由于我们对伦敦市场的研究完全不到位而彻底败北，说出来真是丢人。特别是在伦敦的店里卖透气吸汗的快干翻领 T 恤，那真是一项“杰作”。把在日本夏季卖得很火的这种翻领 T 恤拿到伦敦去，在那里理所当然是卖不动的。因为伦敦的夏天不像日本那样湿度很高，所以根本不需要这种翻领 T 恤。

伦敦的商品结构基本上与日本的相同，但尺寸和体型不一样，所以，在版型上完全根据当地的情况进行改版。经常有人问：“英国人和日本人在消费偏好和消费习惯上有什么不同？”我认为并无很大差异。问题的关键是我们没有把自己的优势，即商品的质量和价格进行很好的宣传。英国人很注重商品的价值，没有认同之前不会轻易出手，一般不会冲动性地消费。两年后，我们在伦敦市场站稳了脚跟，那些买我们商品的顾客对商品的评价使我们获得了很好的市场声誉。

还有一个问题，就是在生产—销售—库存方面没有取得合理平衡的运转和协调。生产订单的下单时间与实际的销售时机发生了很大偏差。由于错过了销售旺季，结果只能是过季大甩卖。此时，我们的“低价政策”就成为一个很大的不利因素。

卖场的员工在商品规划、市场营销以及店铺运营方面还是非常缺乏经验的。在认清楚失败的原因之后，只能是该断即断，重新来过，甚至必须回到做生意的原点。

经过了如此大的失败，我们吸取教训，精心培育下一次成功的胚芽，并一步一步、脚踏实地地走向未来。

到上海开店

优衣库开始准备在上海开店，是 2001 年 8 月在现地成立了分公司之后。该分公司是和当地的企业以“合作关系”成立的。店铺的开张是在一年后的 2002 年 9 月 30 日，在上海市内同时开出两家店。为了不重蹈伦敦店的覆辙，我们接受伦敦店的教训，定下了“开一家，巩固一家，盈利一家”的经营方针。2002 年 12 月又开了一家，而在 2003 年这一年开了 5 家。也就是说，到 2003 年 11 月上旬，在中国境内已经开出了 8 家店。

经常有人说：“优衣库在中国，其低价格可能成不了优势。”对此，我和当时担任中国总代表的林先生有同样的感受。虽然还不能十分肯定，只是觉得“休闲服”这一概念还没有完全融入中国大众的生活。为了使其生根发芽，必须在高品质上加强宣传。

为了在中国真正扎根，商品的价格究竟如何制定才能适合这个市场，目前我们还在探索这个问题。价格的问题，只有你亲身感受了卖场的情况，才能制定出比较合适的价格政策。目前我们的商品价格带，基本上控制在略低于上海的其他海外品牌，与香港的休闲品牌的价格差不多。低价政策在此并没有很大的吸引力。

我觉得，中国消费者是非常挑剔的。他们的收入水平和花费在服装上的平均月度支出有限[①]，所以，他们对购买服装非常慎重也在情理之中。特别是在“非典”肆虐期间，人们的消费欲减退也曾令我们非常担心。当然，这是一段特别的时期。

优衣库在上海开店，不再像在伦敦那样，要求 3 年开出 50 家店，而是一步一个脚印，开一家店，盈利后再开一家，逐渐夯实基础，然后再考虑扩大规模。基础打好了，可以扩大再生产，若在基础阶段就发生问题，则可以马上收兵。胸怀远大志向，面向现实问题，夯实基础再扩大规模，这些都是从伦敦的失败中吸取的宝贵教训。幸好，伦敦的失败还没有让公司伤筋动骨。

---

① 本书完稿时间为 2003 年年末，文中所涉及情况仅以当时的经济状况为参考。——编者注

今后的海外拓展战略

在此，想披露一下今后优衣库的海外拓展战略。我们优衣库还是想在世界的主要城市开店，现在也在做这方面的准备和研究。尤其是我们绝对要到美国去开店。我们在 2003 年 9 月的上市公司公告中，发表了收购美国 Theory 集团（希奥睿国际贸易有限公司）经营权的事项，可以说是我们进入美国市场的一个起步。

预计在 2005 年以后，世界贸易组织的加盟国取消纺织品进口份额制度。现在的体制可以说是管理供给的体制，是为了保护本国产业的一种贸易保护主义。而这在发达国家屡见不鲜。如果可能的话，我想在这个体制被废除之后进入美国市场。当然，我已经做好了与其他先前进入的世界品牌竞争的思想准备。

我一直认为，日本人或者日本企业如果不在所有方面具备国际化竞争的思维，是很难生存下去的。尤其像我们这样的企业，如果不参与国际化的竞争，今后难以立足。为此，不管遭遇多少次失败，只要每次都能及时修正，我们就要坚持下去，这是我们应有的思想准备和姿态。

也许，今后的日本国内市场，由于零利息和股票市场的长期低迷，消费者对今后产生不安的预期，从而不愿消费，市场景气度会停滞不前。企业的设备投资也会受到抑制，商业的机会将越来越少。

在这样一种严峻的市场形势下，要取得成功，无非通过两种途径：一是完全的“新领域、新市场、新技术、新方法”；另一种是在大家称之为旧产业的领域里，投入新方法和新机制，让用户和消费者接受。从这个角度考虑，机会应该还是相当多的。而我们的优衣库毫无疑问属于后者。

但是，像我们这种企业，如果不朝着国际化的方向走，不参与国际化竞争，就会让到日本来的国际化大企业捷足先登。国际化是生存的首要条件。

我们公司这样的SPA事业，原本起源于美国和欧洲。我们在中国加工，在日本销售，也可以说是跨出了国际化的第一步，但如果不能完全参与海外市场的竞争，还不能说取得成功。现在，我们还在向此方向努力。

我们的生存与发展法则是否高明暂且不论，但从某种方面，是否暗示了日本众多企业今后的发展路径？作为日本的企业，要在日本生存下去，必须学习海外优秀企业的一些好的做法，并发扬光大。如果我们没有在英国开店、到中国去发展的理想，就不能吸引一批青年才俊加入我们的事业。专业的棒球选手、足球明星、音乐家、小说家，一批有活力的年轻人都活跃在世界舞台上。能够吸引年轻人踊跃加入的企业才有未来。

虽然我们是服装业，但我们所进行的变革，同样也适用于其他行业。对自己的企业来一场革命——没有这样一种愿望和使命感，企业就会面临生存与发展的问题。这也就是资本主义社会生存的变革力量。而这种变革正是现在的日本企业所忘却了的。

尤其是家族性的产业，如流通业、金融业、建筑业等，企业的风气比较闭塞，自己看不到企业需要改革的征兆，不要说自我革命，连目前企业碰到的不景气都要归咎于他人。这样的企业，恐怕很难吸引到优秀的人才及胸怀抱负的年轻人。

我们公司也许还会面临失败，但却有着无限的可能性。我们将始终坚持向一切可能的机会挑战。要想挑战，就必须具备挑战所必需的基本素质和体力。而这个基本素质和体力就是企业的收益。必须提升保障企业生存的收益。在让这种基本体力天天向上的同时，向上一个台阶挑战，这必须成为企业发展的一个原则。目前我们公司正在提升体力，积聚能量，以迎接下一次腾飞。

加入我们公司的年轻人，都是满怀国际化理想的有识之士。我希望他们能够向各种各样的新事物挑战。例如，重建英国的法人，把 FR FOOD'S 建立起来等，这种在实践中学到的经营本领，远比 MBA（工商管理硕士）课程来得有用。我们坦然面对失败，即使失败也不气馁；我们鼓励挑战，欢迎有志挑战的年轻人加入我们。

但是，有一件事是需要事先提醒大家的，那就是你是否做好了接受挑战和勇于实践的思想准备。我们公司的员工，用头脑工作的人比较多，在制定商业模式及战略规划方面是很擅长的；但是，如果仅停留在纸上谈兵的阶段，就很危险。能在市场这个“现实”层面亲自摸爬滚打一番，是我们最终希望得到的结果。在挑战和实践的过程中，必定会碰到连续不断的困境和难题，能坚持到最后，负起责任，咬定青山不放松，其难度是难以想象的。

而要做到这一点，一句话：“必须有充分的心理准备”。而如何练就这样的心理准备，除了在公司的各项工作中学习锻炼外，别无他法。大家是否都怀有这样的“心理准备”，投入到现在的工作当中，这正是我想利用一个合适的时机，向公司全体员工提出的问题。

FR FOOD’S 食品公司

2002 年 9 月，怀着向广大的消费者提供安全新鲜的蔬菜水果的初衷，FR FOOD’S 分公司成立了。

成立这个分公司还有一段佳话。当时，我有缘结识了永田照喜治先生。他 50 多年如一日，研究和确立了“在贫瘠的土壤中，尽可能不加水和肥料，把农作物原本具有的能量引导出来”的栽培方法。我被他毕生致力于农业改革的热情所感染。而公司的一位执行董事的妻子娘家是开果蔬店的，他自告奋勇愿意负责这个项目。他就是柚木。我觉得，蔬菜和水果的流通结构和生产方法目前还不能说完全合理，从这个意义上说，还有很多改革的余地和机会。所以，就成立了一个以柚木为主的团队，在永田先生的指导下，进行了新项目的尝试。

现在世界上讲究吃有机食品的人渐渐多了起来，在超市里，还为那些农家设立了蔬果专柜——“这是我家栽培的”，旁边还贴着种植人的照片。在残留农药成为一个社会问题的今天，这个项目正好以“用合理的价格，提供安全、新鲜、美味的食品”的经营理念，乘上了这一食品变革的青云。品牌被命名为“SKIP”。

2001 年 9 月到 11 月，我们访问了接受永田栽培法指导的全国各地的农户，探索了我们公司提供到最终消费者手中的各个环节的可能性。然后，在公司内部举办了各种“试吃会”，正式决定成立食品事业部。2002 年 1 月，举行新闻发布会，正式向外发布这一消息。4 月，食品事业部开始在网上直销。9 月，FR FOOD’S 分公司成立，从事业部接管全部事务。11 月，开始网络销售和会员制销售。2003 年 5 月在松屋银座的食品商场开出了第一家实体店。然后，从 7 月到 10 月又开出了 5 家店。现在还处于初创阶段。

说实话，公司内部对做蔬果生意也是有争议的。但是，按照优衣库摒弃纸上谈兵的方式，我们必须尝试一下。对此，媒体报道也是褒贬不一。人们普遍质疑："优衣库怎么涉足蔬果了？"

一项新事物开始容易，只要有资金谁都可以做。但是，将之作为一项事业，让其在经营过程中产生利润并扩大再生产，却不是一件轻而易举的事情。如果在一段时间内连续亏损，不能打破现状，也就没有发展前途。而打破现状的方法也不能沿用以前别的公司用过的方法，必须有独创性。我认为这项事业是对社会非常有意义的事业，真诚希望柚木的团队能够群策群力，把消费者真正想要的健康食品送到他们的手中，从而获得此项事业的成功。

向其他事业进军

向食品以外的事业拓展，可能是优衣库今后要好好探讨的课题。

与我们服装行业最接近的关联领域，例如鞋类、内衣裤等，也是我们必须认真考虑涉足的领域。另外，由于我们公司的商品价格普遍较低，还可以向中间价格的基础商品的更高端领域发展。作为事业延长线上的产品，我们利用基本设施，可以简单地扩大规模，提升效益。总之，还有许多新领域、新方法可以开拓。

优衣库可以在被认为难以赚钱的纺织产业取得大的收益，我想在其他的产业领域，同样的思想方法也是可以加以运用的。

例如，无论是在伦敦、巴黎，还是在纽约，鞋店和服装店同样多。一些简单的款式，同样的尺寸一溜烟地摆放在那里。与此相比，日本的鞋店不算多。因真皮鞋子的关税很高，所以海外的品牌鞋价位很高。也许，即便是在日本，潜在的需求也是很大的；若有可能，也是我们很想挑战一下的领域。用自己制作、销售的优衣库的方法，建立更为灵活的柔性机制，随时准备满足顾客的要求，只要顾客满意、愉快就好。在此过程中，我们要积极地不断尝试，勇于实践。

自我创新

要挑战新的领域，和在海外开店是一样的，也必须同时考虑投资和收益的问题。还是要有思想准备，走优衣库自己制作、自己销售的路线。也就是说，要建立一个新的产业，使其有进一步扩大再生产的能力。如果只是模仿先行企业的做法，绝对做不到最好。我们必须有打破规则、打破现状的魄力和勇气。秉承逆向思考的思路，越是在旧的产业里，这样的机会就越多。

经营理念的第11条是："要提高管理的品质，彻底杜绝浪费无效，经常考虑损益，执行高效率、高分配。"一旦开始新的事业，就要排除浪费和无效，考虑损益，否则难以为继。资金和人才都是有限的资源，必须考虑如何整合这些资源，使效率达到最大化，把新的想法和做法付诸实践。只有当公司产生收益，有了基础体力，才能有能力去开拓新的事业。为了尝试新的生意，我希望大家能考虑周到，并且积极果敢。

也许有人会说，这个东西已经老掉牙了，现在还在说这件事。但是，我认为这是企业经营重要的原理，在企业成长、发展的过程中，是绝对不可置之脑后的。

回顾一下我担任社长以来公司的发展轨迹，不难发现，每一个发展时期，公司的状态及发展的方法还是有些微妙变化和调整的。广岛证券交易所上市前后门店的急速扩张期，新店开张后老店销售跌落的振荡期，ABC改革的思维转换期，摇粒绒衫的成功和都市型商铺的拓展期，以及现在优衣库热潮的结束与再生，正重新整装待发。

现在这个阶段，我们称之为再生、重新出发的阶段，也可以说是如前所述的再次进行挑战的时期。既然已经形成了优衣库这一商业模式的基础，现在是如何进一步加以巩固的最关键的时期；是无论对国内还是国外的刚起步的事业，需要进一步充实壮大的时期；是利用已经形成的基础，用优衣库的商业模式，探索是否适用于其他新的产业领域，并准备发起进攻的时期。幸运的是，那些希望和我们一起干下去的人们，那些希望自己能担当经营者角色的人们，那些希望能干一些新事业的人们，大量聚集在我们公司。我想和那些有志向、有头脑的人才一起继续合作，开拓我们的新事业。这些新的事业可以由公司内部的人员来做，也可以和其他公司联起手来，成立一个新的组织或团队，大家一起做。甚至还可以考虑成立一个囊括这些事业的控股公司。但做的这一切，最终都将聚焦在一个目的上，那就是让我们的顾客满意、愉快。如果我们所做的一切企业活动，能够和目前处于低潮期的日本的系统改革有机联系起来的话，则更是无上的光荣和喜悦。

引退宣言

我考虑在 60~65 岁从经营的第一线引退下来。从现在算起，顶多再做10年，然后，作为投资家，做些投资方面的事情，安度晚年。

即便是现在，我已经感觉到自己的体力和精力开始衰退。估计再过一段时间，我说的话可能会被当作耳旁风了。

对我而言，经营就好比是参加一场体育比赛。我是这个运动队的领队，站在最前面，用自己充沛的体力带领大家勇往直前。但是，现在我已经50多岁了。如果团队的平均年龄在30~40岁，那带领他们冲杀的领队也应该是这个年龄段的人比较合适。如果领队和团队成员之间的年龄差距很大，存在代沟，那么领队和成员之间在有效沟通及心领神会方面就会产生障碍，从而影响团队成员的行动和执行效果。而“经营”就是“执行”，经营决策者和卖场的人如果不能一起执行，则一切只是水中月，镜中花。

但是，在卖场工作的人则是另外一种情况。到了一定的年龄，可以请他们在公司实施的“匠项目”中担任角色，继续发挥作用。并不是年轻则一切都好。我们要让那些精通卖场所有的事情，具有丰富经验的人们能够继续留在优衣库发挥作用。能够起到给现在的年轻人指点迷津，检查一下工作成果之类的作用，还是那些已经走过人生鼎盛期的人们。我想在过了60岁以后，推掉别的工作，只在公司里担任“企业统治”这样一个角色，从而迎来自己晚年的另一种精彩人生。

对那些到了一定年龄仍具有工作能力的人，我希望他们能继续工作，继续发挥作用，为此，我们开发了这样一个“匠工程”。希望那些不仅能在店铺卖场，还能在其他领域帮助年轻人成长的优秀“教练”多多加入我们。

与多田先生的缘分

说到教练，2002 年 4 月作为优衣库设计研究室长而招聘进公司的多田先生正好是这样一个人才。对于和多田先生的缘分，我总觉得好像无形之中有一根线牵着。

我的父亲和某位画家是至交。40 多年前，父亲买了那位画家在日本画的好几张油画。但画家在一夜之间就把卖画的钱买酒喝花完了，又来向父亲借钱。后来，他去了法国，毕生从事绘画。20 年后，父亲一生中唯一一次去海外旅游，经常在巴黎的一家日本餐厅用餐。一次那位画家居然也来到这个餐厅，“这不是柳井先生吗？”两人顿时为这次偶然的邂逅惊喜万分。随后，父亲应邀到他的画室，又买了几幅画回来。这位画家的名字叫长尾淘汰。

后来，每次长尾先生到日本办个人画展，父亲都全程帮忙张罗。一次，长尾先生向父亲推荐："三宅一生先生的公司里有一个从事国际化方面业务的人，马上要退休了，是个非常优秀的人，很是可惜。不知柳井先生是否用得着。"这个被推荐的人就是多田先生。多田先生来公司之后，担任了一段时间的顾问。后来，我们请他去筹建设计研究室的工作。当时，正好是必须加强设计力量的关键时期，多田先生的到来真是雪中送炭。这样的缘分真是不可思议。

另外，公司作为社会公益活动的一环，还做了濑户内橄榄基金的募集活动。这项活动的首要人物——建筑家安藤忠雄先生——和多田先生居然也是多年的至交。我们公司决定向明年（2004 年）雅典奥运会的日本运动员无偿提供正式比赛服装，安藤先生为服装设计方案提出了宝贵的意见，并介绍了设计师高田贤三氏，使这项工作得到了有效的推进。

负责我们公司电视广告片制作策划的约翰·杰伊，也认识多田先生。这使我不得不感叹，所谓的有能力、有实力，也体现在人脉关系的交织中。

多田先生说，他有一件在三宅一生公司里就想做但最终没能做的事情。那就是"在便利店里卖的袜子和手绢等日常用品，看上去挺小儿科，但是改变卖法的话，能做成相当一份事业"。他一直为没能做这件事而感到遗憾。想不到后来能进我们公司，真是命中注定。多田先生总是毫不客气地对优衣库的商品提出批评的意见。他率直的意见，对优衣库的发展而言非常有帮助。而设计研究室设立的成果，不久也通过一件件具体的商品体现出来。

直言不讳的批评是非常重要的。在一个组织的内部，经常有不同的意见和争论，我认为使组织一直处于争论的旋涡之中，是一件好事。组织一旦安定下来，按部就班做事，就没有冲劲了。组织在左右摇摆中，或积聚力量，或发散力量，这对做生意来说是重要的。虽然难以控制，但能够把握客观与主观的平衡协调是做生意的精髓所在。

批评归批评，另一方面还得按照主体意志执行，这说起来还真是一对矛盾体。但是，不是这样的脚踏七巧板，就谈不上是好的生意、好的经营，这也是对组织的一种历练。

“速度”和“执行力”

经营理念的第 9 条是：“要强调速度、干劲、革新、执行力。”把“速度”放在第一位，是因为速度是做生意和经营最不可或缺的要素之一。优衣库的发展，正如公司名称“Fast Retailing”中的 Fast 一样，速度是所有事业的原动力。

没有速度，生意就不会成功。我说过，失败也要快速发现并快速止损。要具备能够快速发现失败的敏感度，然后考虑正确的方向和方法是怎样的，及时纠错。这是需要真正的“功力”的。

大多数人对已经发生的失败浑然不知。由于没能及时发现问题而导致失败的创伤深重。若到了回天无力的失败境地，从做生意和经营公司的角度而言，就意味着公司的倒闭。“绝对不能让公司倒闭是一切的根本。”理解了这层意思，我们认为，即使失败也必须尽早。

例如，若先开辟新的鞋类事业，就要尽早在磨合期推出，尽早启动。若哪个环节出现问题，那么就及时纠错。好的失败，必定会给下一步成功带来借鉴。所谓好的失败，是指能够抓住失败的原因，为下一步的成功及时制定对策。所以，“失败的品质”非常重要。

世界上不存在没有失败的成功。成功的背后必定有失败的影子。很多人认为优衣库在很短的时间内一直很成功，其实不然。实际上，我们是一胜九败。也就是说，做十次有九次是失败的。但我们不是把这些失败捂起来，而是看作宝贵的财产，运用到下一步的操作中去。当然，我们没有致命性的失败，否则公司倒闭，也就没有优衣库的今天了。

还有一个重要的方面，就是既然做了决策、制订了计划，就坚决执行。因为执行了，才能看到效果，且不论这种效果是好是坏。经营者本人必须作为主体，亲自参与执行。有些被称为头脑好的人，只会热衷做计划和读书，却没有任何行动，结果是什么都成不了。真正想在生意和经营上取得成功的人，即使失败也要去做。另外，就是不能气馁，要坚持。除此之外别无他法。

说得极端点，所有的计划只是纸上谈兵。这是我一向的观点。不管你如何努力做计划，不付诸实践，计划是否有效也就无从得知，等于白费力。反过来，如果自己不做计划，连纸上谈兵都不会，也不可能很好地加以实践。计划是用来预测计划完成后的效果的。要想知道自己真实的姿态，计划后迎来失败就是最好的状态。

计划制订好了，但发现实际上这里是错的，那里应该这样修正，等等。于是，为下一步应该怎么做指明了方向，这些都和下一次的成功连接在一起。绝对没有十战十胜这样恐怖的事。一胜九败的话，这唯一的“胜”分量很重，能够产生巨大的能量。

有些经营者擅长对信息和环境进行分析和整理。但是正是这些人尤为惧怕失败而不敢去实践。尽管他们明白随着环境的变化，自身也需要改变，但就是不肯去实践一下。现在的日本，不正是这样的吗？

迄今为止，几乎所有的日本企业，或者日本的股份公司，“二战”后一直发展比较顺利。所以，它们对现在的失败的本质也不会认真地加以认识。我认为，只有早日意识到失败，并尽快采取纠错措施的企业，将来才有机会生存下去。那些误以为自己的品牌力量神通广大，可以一直保持下去的老字号，如果不进行根本性的变革，将来也是有危机的。企业一旦无法提升利润，简单地说就是失败了。很多例子表明，没有过去积累下来的资产，再大的企业也会轰然倒下。也不知是幸运还是不幸，现在很多企业凭着一点资金积蓄，还在顽强挣扎之中。

但是，先人留下的资产总有一天会被消耗殆尽。考虑到日本的未来，我认为现在的日本又到了千载难逢的到处充满机会的时期。就像“二战”后日本需要重建一样，经历了那么多年的经济低迷，眼前大失败的后果正在蔓延。但是一旦拨开乌云，在透彻的蓝天白云下，我们的眼前滚动着无数的机会，有着无限的可能性。我发自内心地感激能够生活在这个时代。

2003 年 9 月 10 日，我在店长大会上宣布：“到 2010 年，我们优衣库的销售额要达到 1 万亿日元。”也就是说，在未来的 7 年中，我们在国内外的全部关联销售额加在一起，要翻 3 番，这个目标是相当高的。我在考虑，在战略上引入第二个品牌，以及进行企业并购等行动来实现这个目标。对一个企业来说，设定难度非常大的，在旁人看来几乎是没有实现可能的奋斗目标，并激励广大员工向这一目标奋勇挺进才是最重要的。

UNIQLO

后 记

我小时候的绰号叫“山川”。意思是说，如果别人说“山”，我就说“水”。好像有点儿对着干、捣蛋的意思。倒并不是非要和人对着干，也许是我过于较真的缘故，甚至有些独来独往的奇思怪想。

当时，尽管我不喜欢，但还是从父亲那里接手了家业，但我无论对什么事，都会分析，都会用自己的脑子考虑。在别人看来，我也许有些任性，缺点很多。但我觉得自己的长处在于：“能对自我进行客观分析和评价。”

以前，公司曾经对董事和部长级领导进行了全方位的评价。将自己对自身能力的评价与周围的人对你的评价进行比较，结果发现，在我身上两者几乎是相同的。而其他的人比较下来，自我评价和他人评价之间存在一定的差异。我觉得在我的性格里，既没有过度自信，也没有过度自卑。如果说我和其他的经营者有什么不同，恐怕这个方面是比较突出的。

在此，我没有自我标榜的意思，只是觉得，“能对自我进行客观的分析和评价”，是一个合格的经营者应该具备的素质之一。

前面曾多次提到，我们公司是经过了多次失败才成长起来的。想到了就去做，失败了往后退一步，调整后再发起挑战。正视失败，承认失败，没有对自己行为的结果进行客观分析和评价的话，是很难做到的。失败了但不承认，只会使伤口越来越深，加大企业的危机。

在一般世人的眼里，我似乎是成功者，但我自己却不这样认为。正如在这本书中叙述的那样，我这“一胜九败”的人生，胜的概率只有一成。若拿专业棒球来比喻，我这个投手早就应该被解雇，或沦落到二流军团去了。如果这也能算是成功的话，那我只是不畏惧失败，一路挑战过来。在棒球运动中，盗垒[①]成

① 在击球手没有击出球的情况下，跑垒员成功跑到下个垒包即为盗垒。——编者注

功率很高的团队，为了达到盗垒的目的，奔跑的次数会相当多。如果一味考虑会被击中的话，就跑不了。越跑，盗垒的成功率就越大。经营也是同样的道理。

今后，我还是要继续坚持一直倡导的经营理念："商店为顾客而存在，企业与员工共繁荣。"我将继续带领经营团队和全体员工，拧成一股绳，向着一个个新的目标，不断发起挑战。

作为本书的结尾，我真诚地向各位读者奉上"创业者十诫"和"经营者十诫"。如果能够和卷尾的23条经营理念结合起来，并在实践中形成你自己的经营理念，我将感到万分荣幸。

UNIQLO

附　录

附录一　创业者十诫

1. 刻苦工作，一天集中精力工作 24 个小时。
2. 唯一和绝对的评价者，是市场和顾客。
3. 不能没有长远观念、计划、梦想和理想。
4. 把握现实，坚持理想和目标。
5. 自己的未来由自己开拓，掌握自己命运的是自己，而非他人。
6. 积极适应时代和社会的变化。
7. 最应该重视日常事务。

8. 对于事业，设立比谁都高的目标和标准。
9. 和员工结成伙伴关系，培养团队合作精神。
10. 建成不会倒闭的公司。你可以九败一胜，但不容许一蹶不振的失败。

附录二　经营者十诫

1. 经营者，一定要追求结果。

2. 经营者，必须明确经营方针，并始终如一地坚持。

3. 经营者必须有宏伟的理想并正视现实，脚踏实地。

4. 经营者不能被常识捆住手脚，要弹性、灵活地处理事务。

5. 经营者应该比谁都更热心于自己的工作。

6. 经营者应该像魔鬼般地锻炼下属，并给予下属挑战的勇气。

7. 经营者处理问题不能蜻蜓点水，而要追究问题的本源。

8. 经营者必须充分预计风险，并果敢进行挑战。

9. 经营者必须要有远见，抓住未来。

10. 经营者必须具有果敢的行动力。

附录三　经营理念

第 1 条　要顺应顾客的需求，创造顾客的需求。

这条在前面的第三章中已经做了阐述。

第 2 条　要不断地实施好的想法，发挥企业的社会影响力，为社会变革做贡献。

这条在前面的第三章中已经做了阐述。

第 3 条　要独立自主，不能落入任何企业的旗下。

我们公司以前是卖男士服装的。那些和我们有业务关系的男士服装制作厂家，后来有的被商社收购，有的废弃，有的倒闭，基本上命运都很惨。即便一开始是自己出资经营的厂家，也会逐渐受到商社等进货商的支配，最终被商社系列化，其产业自身进入衰退，底下的小企业也纷纷倒闭。

我举这个例子想说明的一点是，一个企业必须有自己的想法和做法，否则，你就不可能调整企业的结构，进行全面改革。

如果我们现在还在经营小的男士服装店，会是什么情形呢？可能也难逃倒闭的厄运。正是因为我们及时转型成为一个自有品牌的休闲服装专业制造零售商，自己制造商品，直接向消费者销售我们的商品，才躲过了这场危机。要成为能够顺应环境变化而生存的适者，自己就必须随着环境的变化而改变。当你不能掌控自己的命运时，你想改变自己也改变不了了。

人都希望能够独立自主，企业也是一样。每个人、每个企业的理想和目标都不尽相同，如果想把企业建设成为自己理想中的样子，就必须做到自己主宰命运。

希望不要引起大家的误解，“独立自主”并非“以自我为中心”。在企业经营者中，有不少“以自我为中心”的人。“一切我说了算，我是老大”的思维是行不通的。如果经营者以赚钱为第一要务，这个公司就不可能完全实现经营上的“独立自主”。

要想建设理想的企业，必须是一群具有正确思维的人，向着既定的目标，用正确的方法进行实践。在此前提下，企业独立自主的经营是非常重要的。没有独立自主的精神，就不能掌控自己的命运。

第 4 条　要正视现实，与时俱进，积极主动。

零售业企业大多是被动地接受顾客及周边环境的变化，而不是主动地发起进攻。在开店之前做了种种的设想，一旦开店，基本上不做大的改变，守株待兔地等着顾客的光临。这样的店，卖不掉商品就是卖不掉商品，不从根本上进行变革，基本上不会有很大的转机。

要正视销售不佳这一事实，首先从时代背景、社会环境及顾客心理层面进行分析，然后探讨采取什么样的对策。经常问自己，我要改变，应该怎么做，发挥主观能动性，积极地进行变革尝试。

无论是个人还是企业，若已习惯被动地等待机会，那么最后可能与机会失之交臂。譬如说本周的畅销商品，第一位是运动短裤，第二位是 T 恤衫，第三位是短裤。如果把这三种商品都穿在身上，就会发现这是大叔的时尚。如果大家积极开动脑筋，对商品提出更好的改善意见——“这里能够这样改就更好了”，“优衣库能够卖这样的商品就好了”，等等——就能够积极主动地改变商品结构，从而赢得更大的商机。

2001 年 8 月期的决算，销售额为 4 185 亿日元。而 2002 年 8 月期的计划是必须达到 5 000 亿日元，但实际上只有 3 416 亿日元。这就意味着必须削减 1/3 的费用才可能确保利润。这就需要管理人员和员工们从内心产生出要改变现状的动力。

事实上，无论做什么事，能够成功的毕竟是少数，做 10 次失败9次的案例很多。要想取得成功，就必须像我在前文说的那样，彻底洗心革面，认真去做才有可能。但成功的概率实在是太低了。正因为如此，一旦发现机会，就积极主动地去争取，并且马上付诸行动。将客观的要素和主观的能动有机地融合才可能成功。只有坚持这样一直做下去，企业才可能业绩常青。

第5条 要营造让员工自我管理、自我反省的柔性组织环境，让每个人都能重视团队合作并相互尊重。

所谓"自我管理"，就是你成熟的标志之一。而所谓成熟，就是无论你到哪里，无论在什么环境，凭你的工作能力都能生存。我希望我们的员工都能成熟，而上司必须担负起培养下属早日成熟的义务。

所谓"自我反省"，就是要反省自己的行动和行为，并想好下一步该怎么做。制订计划，执行、反省、运用到下一步的行动中。这个周期要你自己去驱动，让它进入循环轨道。缺乏"自我管理"和"自我反省"，同事和合作伙伴就会认为你还不够成熟，你就不能为自己争取到工作，也得不到大家的认同。

"柔性的组织，让大家相互尊重"，这需要每一个人都能够"自我管理"和"自我反省"。团队工作最差的状态是，程序化、僵化、形式化以及表面化。如看上去在努力工作，但没有一点工作成果。需要强调工作就是要为出成果而去做，去行动，去执行的。以棒球运动为例，投手不能全力以赴地投球，就绝不会取胜。如果投手只注意接手的能力和习性，忘记了自己的本分，是断然不行的。所以，每一个人的“自我管理”和“自我反省”是柔性组织的源头。

无论是缺少“自我管理”还是缺少“自我反省”，组织都会僵化。我们的组织现在也有些僵化，原因就在于此。能够“自我管理”“自我反省”，才可能做到相互尊重。而相互尊重则意味着每个人在展示个性的同时，能够容忍他人的缺点。

也许有人会认为，“自我管理”和“自我反省”与组织的概念正好相反，其实不然。团队的表现取决于每个人的表现。要想让个人和组织能够很好协调，发挥最大效益，就必须合理运营组织。

在一个组织中，有人只顾自己的个人表现，也有人只听命于上司，自己没有判断力，这两种情况都是对组织有害的行为。组织内部的成员应该更柔性地考虑问题，使每个人能够更柔性地工作。

第 6 条　要活用国际智慧，确立公司独特的身份，开发年轻人最为推崇的商品和事业，实现真正的国际化。

日本原本是几乎没有资源的，独特的文化和创意也很少。

日本是从中国及欧洲引入混合文化的国家。从这个意义上说，必须运用世界各地的聪明才智自我发展，这也是为了能参与和世界级大企业的竞争。在日本成为第一，就意味着接下来的竞争对手就是国际上的大企业了。像我们这样的规模，在国际竞争中不能取胜的话，就意味着日本不能取胜。为此，必须充分活用国际智慧。智慧是没有国界的，尤其像在日本这样的国家更不应该设置国界。作为优衣库的员工，必须有“到海外去发展”的愿望和憧憬。

休闲服领域的创意大多来自美国，我们在学习吸收之后，通过在中国的服装厂加工制作，然后提供给日本、英国以及在中国的优衣库门店。这就是我们的身份。

“企业独特的身份”，就是指企业确认的，和其他企业不一样的思想方法和风格姿态。最近，我发现公司内部做事的方式方法，开始和其他企业有些雷同了。“去年是这样做的”，“某某企业是这样做的”，开始有这类思想的话，那我们离破产也就不远了。

我希望大家能够建立这样的思维：今年和去年没有变化，公司就要破产。过分关注和效仿其他公司的做法就是大问题。如果你关注和效仿的是发展势头非常好的企业，也就算了；如果关注和效仿的是那些既没有成长，又没有盈利的公司，那就必败无疑。所以，一个企业的身份是非常重要的。一个企业没有自己独特的，有别于其他企业的行事风格，企业就不可能发展成长。必须认清一个道理："同质化等于死。"

为什么要把"年轻人最为崇尚的"作为我们商品和事业开发的标杆，首先是因为"年轻人感觉很敏锐"。我们生产的商品，如果得不到感觉敏锐的年轻人的支持，就一定不会卖得很好。现在我们的公司在各个方面已经有些僵化了，忘记了应该把"年轻人最为崇尚的"作为一个标杆。如果只是得到年长者的肯定，而得不到年轻人的肯定，也是走不远的。我们这里说的重视"年轻人最为崇尚的"，并不是说单纯地追赶潮流。必须考虑如何才能让年轻人在本质意义上做出肯定。

有必要倾听那些"感觉敏锐的年轻人"对商品的本质，对一个企业应该追求的本质做出的评价。

"商品"和"事业"必须由自己开发，而且每年要有变化和创新。这就要求每个人都要好好发挥主观能动性，积极开动脑筋。没有变化和创新，就不可能实现国际化。没有自己特色的东西，到国际上竞争也是徒劳。所以，我们要追本溯源，把"源头"做好。

第 7 条　必须以唯一与顾客直接接触的商品和商场为中心。

我们公司的员工，无论是谁，也不管是直接还是间接，都在从事与顾客和商场等有关的工作，并发挥着一定的作用。正因为如此，每个人都必须灵活机动地改进工作，否则不能顺利地推进工作。因为这个世界无时无刻不在发生变化，我们必须顺应这种变化，根据顾客和这个时代的潮流及时调整，否则，销售和利润就会成为一句空话。不管你在公司里做什么工作，一定要彻底认清“唯一与顾客直接接触的是商品和商场”。

比如，你是做财务或人事工作的，你就应该思考，这个工作与顾客、商品、商场之间的关系是怎样的，你是如何认识商品和商场的，将来应该是怎么样的一种状态，你怎样做才可以为商品和商场做出贡献，等等。也就是说，我们的一切工作都是围着顾客转的。你要这样想，你所在的部门上面有领导，而领导的领导是顾客。

对顾客而言没有效果的工作是无效的。为了让我们所有的工作都直接有利于顾客，我们就要经常想着如何去改变商品和商场。只有这样做了，才可以实现及时跟进顾客的需求。我发现，越是大的组织，越容易忽视这一点。我们公司最近在这方面也比以前松懈多了。

最近公司员工们的工作状态让我很有危机感。必须马上改变这种状态，尤其是管理人员，要意识到这是“自己的失职”，必须集中精力采取改善的措施。既然你吃了零售业这碗饭，就必须最大限度地了解商品和商场，了解你所从事的工作对于商品和商场最本质的意义。

第 8 条　要建立对公司效益最大化的全员齐心协力、各部门联动的机制。

"公司效益最大化""全员齐心协力"对一个企业来说，是非常重要的。绝对不容许每个部门只优先考虑自己的方便。如果每个部门都优先考虑自己，公司效益的最大化从何谈起?

回顾公司经历过的所有失败，有些是使公司成功迈向下一目标的垫脚石式的"良性失败"，但也有许多是莫名的"恶性失败"。究其原因，我认为是只考虑本部门的利益所致。务必要有全局观，以公司利益最大化作为考虑问题的前提。尤其是当公司规模越来越大时，如果没有全局观，很多人一起工作的效率就会大打折扣。

"全员齐心协力"是切记的大原则。在工作中，我们需要大家争论、竞争、竞相上进，但是这些都必须建立在大家互相信任，为了同一个目标形成合力的前提之上。一个没有全员齐心协力的公司也是不可能发展的。

也许，乍一看，相互竞争和齐心协力似乎是互相矛盾的，其实本质上是相同的。为了形成齐心协力的状态，必须好好倾听对方的意见，同时让对方也好好听取自己的意见，然后形成一个公司效益最大化的方案。我希望，我们的经营能形成这样一个大家竞相出好主意，然后以对公司最有利作为衡量标准，大家探讨出一个相互配合协作的想法，并付诸实践。

关于“各部门联动的机制”，我认为，“公司的组织与计算机很相似”。若一个环节出了问题，则整个系统都无法运行。所以，公司的组织都是联动的。

必须让所有部门都联动起来，即便只是一个部门的事情，也要有积极与全局联动起来的意识。我们公司目前在这方面的意识越来越薄弱，各部门也越来越封闭。我希望每个部门都能积极开放，跳出本部门的圈子。说得大一点，要建立自己的工作是与整个社会、整个世界连在一起的积极的思维方式。

第 9 条　要强调速度、干劲、革新、执行力。

我发现，我们公司已越来越没有改革创新的锐意了，甚至过于保守，过于谨慎，过于讲究表面化了。速度、干劲、革新、执行力是优秀小企业的优势和特征。而公司目前逐渐丧失这个特征，表明公司已渐渐染上了“大企业病”。

我真诚地希望公司的每一位员工，都能建立“自己就是经营者”的思维。经营者为“企业赢利”“企业发展”而存在。如果没有这种思维，公司也就没有未来。为此，我们要时刻铭记速度、干劲、革新、执行力。那些办事程序、书面报告之类的花架子都是于事无益的。

世界正在发生急剧的变化。按照公司目前的状况，我们完全有可能像其他一些公司一样，被淹没在变革的浪潮中。我们必须比一般企业更有勇气，更能迎着潮流而上，但这需要速度、干劲等要素。而且，每位员工不要寄期望于公司，而应该自己为了公司的生存积极地行动起来。

企业为了存续，必须随着环境的变化而自我变革，而变革需要速度、干劲、革新、执行力这 4 个要素。我们决然不能期待今年做和去年相同的事情，能得到和去年一样的结果。做和去年一样的事情，能有去年 1/3 的效果已经是上上大吉了。所以，必须在去年的基础上，考虑再加上一个 α，不断地增加其附加价值。想好了，就积极行动。

第 10 条　要光明正大，赏罚分明，提倡彻底的实力主义。

有一点需要在这里强调一下，我们不要把公司和个人割裂开来，以为这是公司的事。公司的事是由大家去做的。秉承“光明正大，赏罚分明，提倡彻底的实力主义”的原则，去执行的是我们每一位员工。而且这不仅在我们每个季度的人事考评中体现，还应落实在每时每刻的工作之中。

如“光明正大地做事”，要体现在一旦发现值得表扬的事，就立即给予表扬，做得不好，就马上给予提醒。重要的是，这种精神应体现在每天的日常工作之中。

“彻底的实力主义”是指在同一个工作环境中，建立能使人愉悦工作的公平、透明、高效的组织氛围。“愉悦工作”是我们出来做事最起码的条件。我希望大家能遵守这一原则，并执行好这一原则。

第 11 条　要提高管理的品质，彻底杜绝浪费无效，经常考虑损益，执行高效率、高分配。

通常，人们会把眼光放在“业务”“商品”等方面，而对后方的“管理”不感兴趣。但在现实中，要做好生意，管理甚至比业务和商品更重要。试想，不管你赚了多少，如果管理有漏洞，钱就好比“从漏筛中漏掉的水”，无法提高利润，红字紧随。即便是优秀的大企业，销售不错，但盈利情况并不理想。能否盈利，差距就在企业的“管理能力的差异”上。

为了提高管理的品质，必须有“具体的执行”。如具体提高收益的措施，积极消除无效工作的管理。每个人都要排除白己工作中的无效部分。我希望能够排除 100% 的无效工作。

无论什么事情，从是否划算的角度去考虑问题的人好像还不多。企业的所有活动，都要花费“人力”“费用（物、钱）”“时间”，所以一定要做一番测算，只投入划算的部分。而投入一定是与高效率、高分配的经营紧密相关的。而要实行高效率、高分配的经营，又必须建立明确的量化指标。没有具体的量化指标，就难以执行和衡量。

第 12 条 要对以往的成功和失败进行彻底的分析和记忆，作为下一次成功的参考教材。

有些人不太善于对成功或失败进行深入分析，往往是“成功了高兴”“失败了沮丧”。其实，我们必须对具体的内容，构成成功和失败的原因，以及其中的因果关系做非常透彻的分析。不是抽象的泛泛而谈，而是针对每一环节，做非常具体的分析思考，为了下一次的成功总结经验。分析得到的所有信息，要成为很好的记忆。如果说，我和大家有些不一样的话，就在于对过去的经历及获得的经验在记忆方面的差异。我自以为，除了对自己亲历的事情记忆很深以外，对零售业的各方面信息在日本也可以算是掌握得比较好的，对美国的零售业的情况了解程度也比一般的评论家和学者更深入。我希望大家比一般的评论家、学者更善于学习，更善于分析、研究、记忆，并把这“记忆”运用到下一次的事业中去。信息是为了让人们记忆，而记忆是为了下一次的施行。

第 13 条 要积极挑战，不能逃避困难，回避竞争。

在经营中，积极挑战，不逃避困难，不回避竞争是非常重要的。过去和现在，在所有领域，不经过挑战就取得成功的企业还没有出现过。任何事业，都有“机会和风险”，我们提倡的是在充分认识机会和风险的前提下的挑战。企业如此，个人也是如此，不挑战，就没有成功。

但仅有挑战的勇气还不够，挑战还必须是积极的挑战。也就是说，必须有充分的思想准备，以及面对挑战过程中出现的难题时有“非把它拿下不可”的坚强意志。每做一件事，都有困难和竞争，试图逃避困难，回避竞争的企业是不可能成功的。这个道理，对国家、对企业、对个人都同样适用。

《圣经》里说：“你们要进窄门。因为引到灭亡，那门是宽的，路是大的，进去的人也多。”① 如果门很宽，进的人就多，就会造成过剩。所以，不要去做谁都想做、谁都能做的事情。

---

① 《新约·马太福音》第 7 章第 13 节。——译者注

只有去挑战大家认为很有难度的事情，才能从中找到生存之路。为了达到成功的目标，很多时候，“窄门”是一条通往成功的捷径。

第 14 条　经营要强调通过实际业绩取胜的专家意识。

既然是这方面的专家，那就要拿实际的工作业绩和成果来衡量。用棒球运动来比喻的话，好的击球员命中率必须在三成以上，好的接球手必须达到 15 胜，等等。即使你再有实力，最终不能取胜也没用。

首先对自己的实力要有信心，然后建立“必胜”的目标。不能取胜的专家是没有价值的。用体育竞技场上的话说，在比赛中一直输的团队，最终必定被这个世界所淘汰。我们既然认为自己在零售业方面已经具有相当多的专业经验，就必须像体育比赛一样，在竞技场上赛出实力。胜者为王，败者为寇，道理就是这么简单。我们的工作业绩就体现在销售、利润的经营成果上，要在商品、店铺运营以及接待顾客方面，留下我们实实在在的业绩。

希望不致引起误解的是，我认为，那些“人品很好”“比一般人努力得多”的人，如果做不出工作成绩，也没有用。越做到高级职位，越要比其他人付出得多；不能拼命工作的人，得不到好的评价。

但这并不是说，某个人人品很好，平时工作也非常踏实，非常努力，但因为工作成果不大而被全盘否定。我认为，像这样的员工还是应该给予一定程度的肯定。我觉得，在评价上的比重，80% 为业绩分，20% 为其他分比较合适。

"在竞争中胜出"，或在"最终结果中胜出"。

让我们大家都努力创造能够让人们认可的"工作业绩"。

第 15 条 要坚持一贯的经营理念，从小事做起，从基础做起，沿着正确的方向，坚忍不拔，不达目的，誓不罢休。

在企业成立之初就必须设定企业长期的发展战略和愿景蓝图。没有一家企业可以随波逐流而获得成功。比如，想建立一项服务，如果没有企业长期愿景的支撑，这项服务的开展就缺乏内在动力，而最终不能持续。凡是成功企业都有一个共性，那就是彻底贯彻从小事做起、从基础做起的做事原则。既然做了，方向符合公司目标，那就踏踏实实、一步一个脚印地去做，积跬步至千里。在做的过程中，还必须注意沿着正确的方向，及时修正航道，否则会出现"差之毫厘，谬以千里"的严重后果。"每天不厌其烦地坚持做下去"是事业成功的秘诀。

第 16 条 要出售企业的经营文化，要培养敏锐的市场嗅觉，由表及里地看问题。

我们公司提供给消费者的服务，很难与其他企业形成本质上的差别。我们“能”的，竞争对手大多也“能”。对于卖方而言，我们尽量在有别于“其他”上下功夫；但对买方而言，看上去基本大同小异。那么，什么是有别于其他的要素呢？那就是企业的经营文化。消费者从那些细节和零碎信息中，来解读我们到底是什么样的企业。其中，企业文化的传递是非常重要的。所以，我们要了解自己的企业文化，让消费者购买自己的企业文化。如果只出售商品，而不能出售企业文化，我们的事业就不能长久。

企业文化包括我们的经营方针、行为方式、思想意识、工作态度以及与客户交往中的礼仪姿态等企业的基本风貌。企业文化应是一贯的、长期的。

与此同时，我希望员工们能够在工作的实践中，练就好眼光。不光能看到事物呈现出的表面现象，还能够透过现象看到本质。本质的重要性远远大于表象。无论是公司还是个人，能够从本质意义上对事物达成共鸣，就能驱动公司的进一步发展，永不停歇地追求企业一贯的、长期的愿景。

第 17 条 要始终保持积极思维，先行投资，对未来寄予希望，使企业充满活力。

如果对未来不抱希望，也没行动，那就会变成日本经济现在的这个样子。

前段时间，是欧美国家为它们的经济低迷而苦恼，而今天轮到日本陷入了最糟糕的状况。不光是国家的经营，就连公司的经营，家庭以及个人的人生设计都是如此。

而做生意和经营就是要抓住现在，着眼未来。过去的已经过去了，未来才是希望。我们努力的结果如何，取决于我们对未来的希望程度。乐观地预期未来，坚信未来会朝好的方向发展，积极努力地行动，是我们取得成功的秘诀。

世界上存在两种人，一种是往前看的人，一种是往后看的人。往前看、积极思考并积极行动的人，才有未来。

第 18 条 要让全员认同公司的目标、目的和构想。

是否有明确的目标、目的和构想，10 年后的差异会扩大百倍。人生也好，企业也好，所有的事物都是有寿命限度的。你最终想成为什么样的人，必须有明确的目标（想成为什么）、目的（为了成为什么而这样做），以及整体的构想。很多人并没有好好想过这些，对一个想追求成功的人来说，这是不行的。我认为，让公司员工都明确并认同公司的目标、目的和整体构想，与没有这样做的企业相比，结果的差异可能在百倍以上。

如果对此没有清晰的认识，在生命走到尽头时，或者说，即使公司经营了 30 年，也不会产生强烈的达成目标的成就感。团队也是一样，这个团队成立的目的是什么，应该做成什么，将来的发展方向是什么，和其他团队形成怎样的关系，如何为社会做贡献，这些都是我们必须认真考虑并付诸行动的。

第 19 条　必须要求公司的事业和自己的工作达到最高的道德标准。

首先，希望各位认真考虑一下公司的事业及自己的工作。

如果只是把工作看成上司让我做的、公司让我做的事，而不是从自身的成长上考虑的话，是不会进步的。另外，公司对员工所做的每件事不以“最高标准”衡量，也是不能进步的。

以前，一些中小企业因道德标准低而倒闭的例子很多，最近，连一些大企业也开始轰然倒下。例如某家大型食品企业，因经营不善，被媒体曝光后，一下子就陷入了解体的境地。

企业为了存续，必须有明确的生存“道德”。这个“道德”，不是为了装门面，而是企业在经营过程中必不可少的要素。没有正确的企业道德，业绩就无法提升，员工就会失去工作，个人也是一样。

一旦某人让人觉得“没有道德”，这个人基本上就会丧失信用，不会再被人信任。这个结果是非常悲惨的。所以，不管是企业还是个人，都要追求“最高标准的道德”，并倡导别人也向这个方向努力。

第 20 条　要倡导自我批评、自我变革。

即便一时获得了成功，但如果没有自我变革的能力，公司就会不进则退。只有积极顺应环境的变化，自我改变，才有生路。企业随经营者的想法改变而变化。我们公司优秀的人才很多，但能做到自我批评的人太少。

如果不能客观地看待自己，优秀的人也会慢慢滋生自满情绪。在小事上不能深刻反省自己的不足，就会酿成大错。越是聪明、自信的人，越容易骄傲自满，所以，要非常警惕这一点。

对企业而言也是如此。另外，不能只凭空想，还必须付诸行动。必须在头脑、行动和姿态上一同寻求自我批评和自我变革。

第 19 条和第 20 条从某种角度而言，讲的是同一个道理，即企业、组织和个人都是极其容易从高处跌落的。而且一个组织的人数越多，越容易放松对变革的要求。现在日本的企业和个人就已经陷入了这种状况。我们要时刻警戒，常怀自我批评和自我革新的意识。

第21条　要消除人种、国籍、年龄、男女等的所有差别。

这条经营理念如字面所述。在我们公司，任何人都能自在地工作，而没有觉得自己有什么不一样。差别化其实是人为造成的，所以，我希望所有的员工平时一定要有意识地去消除这种差别，塑造一个人人都能畅所欲言的开放式环境。

第22条　要不断开发具有倍增效果的新型事业，并要成为该新型事业中的龙头。

这条经营理念所提出的要求，我们公司到现在还没有做到。我在考虑，以后公司要开发具有倍增效果的新型事业。为此，我期待公司内部有具有这样的意愿、意志和勇气去开辟新领域事业的人才出现。哪怕是收购其他公司的业务作为公司的新业务，也必须以公司内部的人为中心展开。我认为收购了其他公司以后，在业务方面如果还是委托外部人员管理的话，可能会出现一些问题。

在日本的时尚产业领域，优衣库的市场份额目前还只有5%左右，很低。且我们涉足的还只是基础休闲服装方面，我们还可以开拓很多具有倍增效果的新型事业。我准备在未来几年做出尝试，开发一种模式。

第 23 条 要建立因事设人的组织，彻底认清在满足顾客需求前提下的员工和业务单位之间的关系，建立无障碍的项目主义。

这一条是在公司将要患上“大企业病”，重新考虑组织应有的形态时新增加的。组织规模变大，很容易因为组织存在而派生出许多工作。组织应该是为业务需要而建立的，没有业务也就不需要组织。为了更好地开展工作，建立什么样的组织更为有利，是我们应该经常考虑的课题。

许多人总以为组织一旦被建立，往往就会成为固定化的常态，其实不然。组织必须根据工作的需要和变化不断调整。那些先有组织再有工作的公司很难有长久的生命力。公司是因为有了商业机会，在整合人、材、资金的情况下，充分顺应顾客的需求，为取得收益才建立组织的。这是公司的起点。

再次强调一下，为了工作需要才建立组织。员工和业务单位如果不能顺应顾客的需求，则工作就失去了意义。必须建立“工作等于顺应顾客的需求”的思维。

希望能够按照“顾客、员工、业务单位”这样的排序来摆正我们工作的前后顺序。有些发展不太好的公司是按照“业务单位、员工、顾客”这样的顺序来排序的。应该是因为工作需要而建立组织，为满足顾客的需求又需要业务单位和员工。我希望，当你发现一个组织不能很好地发挥其功能，有点儿不对劲时，能经常用这个观点重新审视一下。

“无障碍的项目主义”是什么？项目是在目的达成、取得预期效果后可以解散的组织形态，项目是有期限的。我们这个行业其实和高科技行业有相似之处。一个环节的情况发生变化，整个组织和工作内容都会发生改变。总是做相同的事，没有创新和变化，公司就会面临被淘汰的危险。

就像高科技行业一样，我们这个行业的变数也是非常大的。今天说“No”，明天突然变成“Yes”，而“Yes”又会突然变成“No”。正因为如此，不能人为地设立障碍，否则就看不到市场和整体的全貌，容易做出错误的判断而导致失败。所以，组织是不能固定不变的，以项目为单位的组织形态是最佳形态。甚至，在某一个项目中，原来的下属成为项目领头人也是可以考虑的。公司本真的形态不就应该是这样的吗？

附录四　Fast Retailing（迅销）株式会社的发展轨迹

1949 年 3 月　柳井等在山口县宁部市开始个体经营“Men’s Shop 小郡商事”。

1963 年 5 月　继个体经营后，投入资本 600 万日元，成立小郡商事株式会社，总店位于山口县宇部市大字小串。

1969 年 3 月　“Men’s Shop 小郡商事”的福冈县一号店在北九州市开业。

1972 年 8 月　柳井正进公司。

1984 年 6 月　广岛市开休闲服装店“优衣库一号店”（优衣库袋町店，1991 年 8 月关闭）。同年 9 月，柳井等任会长，柳井正任社长。

1985 年 6 月　山口县下关市郊外型店铺一号店，优衣库山之田店开业（1991 年 8 月关闭）。

1985 年 10 月　冈山县一号店在冈山市开业（优衣库表町店）。

1986 年 10 月　加盟店一号店在山口市内开业（优衣库山口店）。

1988 年 7 月　所有店铺引进 POS 系统。

1988 年 12 月　和歌山县一号店（优衣库国体道路店）加盟店开业。

1989 年 2 月　为了充实从面料开始的公司自有品牌商品的开发体制，在大阪府吹田市设立商品部大阪事务所。

1989 年 3 月　爱知县一号店在名古屋市内开业（优衣库名古屋鸣海店，1997 年 6 月关闭）。

1990 年 3 月　岛根县一号店（优衣库出云店）加盟店开业。

1990 年 9 月　商品信息及销售信息的新计算机信息系统导入。

1990 年 12 月　爱媛县一号店在今治市内开业（优衣库今治店）。

1991 年 9 月　为了表明行动方针，将公司的名称从小郡商事改为 Fast Retailing 株式会社，开始真正的门店连锁事业。

1991 年 10 月　兵库县一号店在明石市内开业（优衣库明石鱼住店，2001 年 4 月关闭，移至明石大久保店）。

1991 年 11 月　佐贺县一号店（优衣库佐贺店）、岐阜县一号店（优衣库岐阜则武店）、熊本县一号店（优衣库熊本健军店）、香川县一号店（优衣库高松今里店，2000 年 11 月关闭）

开业。

1992年3月 静冈县一号店（优衣库静冈草薙店）、大分县一号店（优衣库大分店）开业。

1992年4月 将“Men’s Shop 小郡商事”变更成优衣库恩田店（2001年6月关闭，移至宇部清水川店），所有的商铺统一至“优衣库”品牌名下。鹿儿岛县一号店开业（优衣库鹿儿岛山中店，2001年11月关闭）。直营店超过50家（直营店53家，加盟店7家）。

1992年9月 企业规模扩大，为了高效推进经营战略，导入新的计算机系统。

1992年11月 长崎县一号店（优衣库佐世保店）开业。

1993年4月 冲绳县一号店开业（优衣库与那原店，2003年1月关闭）。

1993年10月 宫崎县一号店（优衣库宫崎江平店）、大阪府一号店（优衣库羽曳野店）、京都府一号店（优衣库伏见店）开业。

1993年11月 三重县一号店（优衣库桑名大山田店）开业。

1994年3月 公司建造新的总部大楼，搬迁（至山口县宇部市大字善和）。

1994年4月 奈良县一号店（优衣库奈良八条店）、千叶县一号店（优衣库千叶绿店）、埼玉县一号店（优衣库鸿巢店）、高知县一号店（优衣库高知店，1999 年 4 月关闭，后移至高知介良店）开业。直营店超过 100 家（直营店 109 家，加盟店 7 家）。

1994 年 5 月 茨城县一号店（优衣库土浦店，2000 年 11 月关闭，关闭时的店名为学园东大通店）、东京都一号店（优衣库八王子樽原店，2003 年 1 月关闭）开业。

1994 年 7 月 公司在广岛证券交易所上市。

1994 年 10 月 木县一号店（优衣库小山店）开业。

1994 年 11 月 神奈川县一号店（优衣库小田原店）开业。

1994 年 12 月 为了加强信息收集功能，在美国纽约市设立了 100% 的子公司（1998 年 7 月解散）。

1995 年 3 月 直营店超过 150 家（直营店 151 家，加盟店 9 家）。

1995 年 4 月 长野县一号店（优衣库昌也稻叶店）开业。

1995 年 10 月 山梨县一号店（优衣库甲府车站店）、群马县一号店（优衣库伊势崎店）开业。

1995 年 11 月 滋贺县一号店（优衣库草津店）开业。

1996 年 3 月 直营店超过 200 家（直营店 205 家，加盟店 10 家）。

1996 年 10 月 为了建立儿童服装从商品规划到店铺销售的

整个系统，将 VM 公司子公司化（出资 85%，2000 年 8 月解散）。

1996 年 10 月 宫城县一号店（优衣库名取店）开业。

1996 年 11 月 福岛县一号店（优衣库岩城鹿岛店，1998 年 8 月关闭）开业。

1996 年 11 月 为了加强自有品牌商品研发的一体化机制，在东京都涩谷区开设商品设计事务所。

1997 年 4 月 公司在东京证券交易所二部上市。

1997 年 4 月 山形县一号店（优衣库米泽店）、新潟市一号店（优衣库燕三条店）、石川县一号店（优衣库野野市店）、鸟取县一号店（优衣库鸟取店，2000 年 7 月关闭，移至 Super Mall 鸟取店）开业。

1997 年 10 月 北海道一号店（优衣库札幌藤野店，2000 年 9 月关闭）、福井县一号店（优衣库福井下马店）、富山县一号店（优衣库富山山室店）开业。

1997 年 11 月 直营店超过 300 家（直营店 309 家，加盟店 11 家）。

1998 年 2 月 商品部大阪事务所和东京事务所关闭合并，在涩谷区新设立东京事务所。

1998 年 4 月 德岛县一号店（优衣库德岛出来岛店）、青森县一号店（优衣库八户凑高台店）开业。

1998 年 11 月 作为第一家首都圈的都市型店铺，优衣库原宿店开业。10 月开始的摇粒绒衫酬宾活动成为话题。

1999 年 2 月 公司在东京证券交易所一部上市。门店数达到 355 家，其中加盟店 11 家。

1999 年 4 月 秋田县一号店（优衣库大馆西店）开业。

1999 年 4 月 在中国上海市，同年 9 月在广州市，分别设立生产管理事务所。

1999 年 8 月 8 月期决算，门店数 368 家（其中加盟店 11 家），销售总额超过 1 000 亿日元，实际数字为 1 110.8 亿日元（同比增加 33.6%,）税前利润 141.6 亿日元（同比增加 124.1%），是 1990 年 8 月期销售总额 51 亿日元的 22 倍，门店数是 1990 年 27 家的 14 倍。

1999 年 9 月 尝试性地实施目录邮购。

2000 年 4 月 直营门店数超过 400 家（直营店 417 家，加盟店 12 家）。

2000 年 4 月 为了统括山口总部的 MK · MD 功能及东京事务所的设计功能，在涩谷区道玄坂（涩谷 Mark City West）开设新的公司总部。

2000 年 6 月 准备海外拓展，在英国伦敦设立 Fast Retailing UK Limited 子公司。

2000 年 8 月 8 月决算期。通过摇粒绒衫、牛仔夹克、平脚短裤等的酬宾活动，提高了优衣库的知名度。销售额大幅提高，老店销售额同比增加 167.7%，直营店同比增加 207.1%。决算期末，门店数为 433 家（其中加盟店 12 家），销售总额达 2 289.8 亿日元（同比增长 106.1%），税前利润 604.8 亿日元（同比增长 326.9%）。

2000 年 10 月 开始网上销售业务。岩手县一号店（优衣库北上店）开业。

2000 年 11 月 作为东西两大旗舰店，涩谷神南店（2003 年 8 月关闭）和优衣库梅田店开业。

2000 年 12 月 与东日本旅客铁道株式会社和东日本 KIOSK 株式会社进行业务合作，新小型店铺一号店优衣库 KIOSK 新宿站新南口店开业。

2001 年 4 月 与 JOC（财团法人日本奥林匹克委员会）建立正式合作伙伴关系。

2001 年 4 月 直营门店数超过 500 家（直营店 503 家，加盟店 12 家）。

2001 年 8 月 开始制服—团队服业务。

2001 年 8 月 在中国设立子公司迅销（江苏）服饰有限公司（出资 71.43%）。

2001 年 8 月 8 月期决算。销售额同比增加 82.8%，为 4 185.6 亿日元；税前利润同比增加 70.7%，为 1 032.1 亿日元。直营门店 507 家，加盟店 12 家。开始意识到优衣库已从快速成长期转向稳定成长期。

2001 年 9 月 第一次开海外店，英国 4 家优衣库门店开业。

2002 年 4 月 为强化设计功能，成立优衣库设计研究室。

2002 年 8 月 8 月期决算。销售额同比减少 18.4%，为 3 416.4 亿日元；税前利润同比减少 46.9%，为 547.7 亿日元。是公司上市以来的首次销售和利润下降。与顾客对优衣库热情减退和公司没有新商品投放市场有很大关系。店铺方面，通过对老店的改造等，向大型店发展，直营店达 558 家，加盟店 12 家。

2002 年 9 月 设立食品事业分公司 FR FOOD'S 株式会社（2002 年 11 月以 SKIP 品牌开始进行网上销售和会员制销售）。

2002 年 9 月 第二次开海外店，中国上海两家优衣库门店开业。

2002 年 11 月 柳井正任董事长兼 CEO，玉塚元一任代表董事社长兼 COO（首席运营官）。

2003 年 6 月 东京总部移师东京都大田区蒲田（日生综合大厦）。